BERLIN BRANDENBURG

Kulinarische Streifzüge

Frank P. Freudenberg

BERLIN BRANDENBURG

Kulinarische Streifzüge

Mit 62 Rezepten,
exklusiv fotografiert
für dieses Buch
von
Hans Joachim Döbbelin

SIGLOCH
EDITION

Mecklenburg-Vorpommern
Schweriner See
Warnow
SCHWERIN
Neubrandenburg
Tollense
Randow
Uecker
Waren
Plauer See
Müritz
Mecklenburgische Seenplatte
Neustrelitz
Fürstenwerder
Prenzlau
Uckermark
Getreide
Putlitz
Müritz-Elde-Wasserstr.
Lychen
Fürstenberg
Templin
Wittstock
Heiligengrabe
Pritzwalk
Prignitz
Schloß
Rheinsberg
Dosse
Rhin
Löcknitz
Perleberg
Fisch
Wild
Kartoffeln
Angermünde
Schwedt a.d.Oder
Stolpe
Joachimsthal
Niedersachsen
Wittenberge
Ruppiner Schweiz
Gransee
Havel
Zehdenick
Schorfheide
Neuruppin
Kloster Chorin
Liebenwalde
Kyritz
Brandenburg
Elbe
Wusterhausen
Fehrbellin
Eberswalde-Finow
Oder
Bad Freienwalde
Rhinkanal
Hakenberg
Oranienburg
Obst
Rhinow
Friesack
Bernau
Altmark
Velten
Hennigsdorf
Glienicke
Barnim
Strausberg
Buckow
Rathenow
Nauen
BERLIN
Stendal
Falkensee
Premnitz
Havelland
Schloß Sanssouci
Wannsee
Spree
Brandenburg
Kleinmachnow
Fürstenwalde
Teltow
POTSDAM
Großbeeren
Elbe-Havel-Kanal
Gemüse
Werder
Königs Wusterhausen
Mittellandkanal
Ziesar
Plane
Blankensee
Ludwigsfelde
Burg
Zossen
Brück
Beelitz
Trebbin
Nuthe
Teupitz
201 m
Belzig
MAGDEBURG
Treuenbrietzen
Luckenwalde
Baruth
Niemegk
Kloster Zinna
178 m
Fläming
Pilze
Spargel
Jüterbog
Schönebeck
Lübben
Bode
Golßen
Lübbenau
Lehde
Saale
Dahme
Sachsen-Anhalt
Wittenberg
Luckau
Vetschau
Calau
Dessau
Nieder
Herzberg
Doberlug-Kirchhain
Wolfen
Finsterwalde
Großräschen
Falkenberg
Schw. Elster
Bad Liebenwerda
Senftenberg
Torgau
Lauchhammer
HALLE
Elsterwerda
LEIPZIG
Riesa
Sachsen
Merseburg
Mulde
Thüringen
Weiße Elster
30 km
DRESDE

INHALT

Land und Leute

Rezepte

Oben:
Am Kurfürstendamm ist Berlin Weltstadt, andere Stadtteile konnten ihren ganz eigenen Charakter bewahren. Deshalb bezeichnen manche Berlin auch als riesiges Dorf.

Zur Abbildung auf Seite 2:
Wie auf Perlenschnüren aufgereiht und mit der Havel verbunden, so erscheinen die vielen Seen des Havellandes. Für Wassersportler und großstadtmüde Ausflügler ein beliebter Ruhepol.

Liebe Leserinnen und Leser,
Berlin und Brandenburg wecken bei mir immer Kindheitserinnerungen. An Spaziergänge mit dem Großvater durch die alte Hauptstadt, an lange Reisen durch das schöne Land Brandenburg nach Rügen und Usedom, wo wir zu meiner Jugendzeit die Ferien verbrachten. Brandenburg – das sind Erinnerungen an phantastische Fischgerichte in urigen Gasthöfen und an Räucheraal aus der Hand. Brandenburg ist auch verbunden mit Großmutters Erzählungen über Fontanes Großmutter, deren Eltern wiederum aus Frankreich kamen, als die sogenannten Hugenotten hier eine neue Heimat fanden, sich dafür mit viel französischer Lebensart bedankten und die Küche des kargen Landes Brandenburg wesentlich bereicherten.
Seitdem bin ich unterwegs, auf der Suche nach all diesen wunderbaren Erinnerungen. Mit meiner Frau Gisela entdecke ich per pedes, mit dem Rad, Schiff oder Auto auf Fontanes Spuren Berlin und Brandenburg neu. Vor allem aber suchen wir das Land auch mit Messer und Gabel. Warum kommen Sie nicht einfach mit? Es gibt unheimlich viel zu entdecken, zu hören, zu riechen und zu schmecken!

Frank P. Freudenberg

Göttliches Mosaik für Leib und Seele

Als die Menschen für ihre Überheblichkeit, einen Turm bis in den Himmel zu bauen – nämlich den zu Babel –, von Gott bestraft wurden, schlug er sie mit der Strafe der Sprachverwirrung. Gleichzeitig aber bewies der Schöpfer seine Güte damit, daß er uns zwar in vielen verschiedenen Sprachen sprechen, aber auch mit vielen Zungen und Gaumen ganz unterschiedlich schmecken ließ. Eine Weltsprache gibt es seit Babel nicht mehr, doch – Gott sei Dank – auch keine Weltküche und keinen Weltgeschmack. Fragen Sie jetzt bitte nicht, was das denn mit Berlin und Brandenburg zu tun hat!
Sehr viel, wie Sie gleich bemerken werden. Das relativ neue Bundesland Brandenburg mit der alten und neuen Hauptstadt Berlin fast in der Mitte ist überzeugender Beweis für diese Gottesgabe.
Im Südosten Brandenburgs hören wir bis tief in die Niederlausitz hinein noch die Oberlausitzer Mundart, die ihr Kerngebiet in Sachsen hat. Hier wie dort ist auch das Sorbische mit seinen slawischen Sprachwurzeln noch längst nicht ausgestorben und hat seine Spuren bis tief in den Spreewald hinterlassen.
In Berlin und weiten Teilen Brandenburgs wird der berühmt-berüchtigte „Berlina Dialekt jesprochen, der aba eejentlich jar keener ist". Denn erst vor 200 bis 300 Jahren hat sich dieses Sprachgemisch aus vielen anderen Dialekten und Fremdsprachen gebildet. War doch um 1650 der Stadtschreiber von Berlin und Cölln gar ein Sachse – welch schrecklicher Gedanke für die Berliner von heute!
Mit dem Edikt von Potsdam, das der Kurfürst Friedrich Wilhelm I. am 29. Oktober 1685 unterzeichnete, kamen die evangelisch-reformierten Franzosen nach Brandenburg und Berlin, die der Sonnenkönig Ludwig XIV. grausam verfolgte. Natürlich brachten sie auch ihre Sprache mit, die bis heute überall aufzuspüren ist, wenn sie auch als Ursprung vieler Begriffe kaum mehr wahrgenommen wird. Dabei waren die sogenannten Hugenotten nicht einmal die ersten Fremden, die ins Land geholt wurden.
Schon 1648 warb der später als Großer Kurfürst bezeichnete Friedrich Wilhelm I. besonders Niederländer für die Mark Brandenburg und Berlin an, weil er dringend Experten für Garten-, Landschafts- und Kanalbau benötigte.

Friedrich II., auch der Große oder der Alte Fritz genannt, in Stein und auf hohem Sockel. Er machte Preußen zur Weltmacht und Berlin zur Großstadt. Auch kulinarisch ließ er sich etwas einfallen: Als Feinschmecker und Vielesser ließ er sich von einem französischen Koch verwöhnen. Seiner schlanken Figur sieht man das allerdings nicht an.

Urwüchsiges findet sich im Spreewald, wo die slawische Kultur der Sorben noch sehr lebendig ist – auch in der Küche.

Nächste Doppelseite: Schloß Sanssouci, die Sommerresidenz Friedrichs des Großen, ganz im Zeichen von Preußens Glanz und Gloria mit dem auf sechs Terrassen angelegten Weinberg.

Gerade war der Dreißigjährige Krieg vorbei und Brandenburg eine nahezu entvölkerte Einöde, da begann 1660 der Kurfürst mit seiner planmäßigen Einwanderungspolitik mit dem Ziel, Arbeitskräfte und Handwerker für Brandenburg-Preußen zu beschaffen. Zehn Jahre später wurde vereinzelt jüdischen Familien der Zuzug gestattet – allerdings nur, wenn sie Vermögen hatten. Die Hohenzollern waren eben schon damals immer schlitzohrig auf ihren Vorteil bedacht. Nach der Aufnahme von rund zwanzigtausend Hugenotten in Brandenburg-Preußen und Berlin sprach sich in ganz Europa schnell herum, welch großzügige Privilegien sie in der neuen Heimat vorfanden, was andere Glaubensflüchtlinge veranlaßte, ebenfalls in die Mark zu kommen: aus Böhmen, aus dem Salzburgischen, aus der Schweiz – woher auch immer. Der Große Kurfürst heiratete schließlich Louise Henriette von Oranien, eine Niederländerin, die mit ihrem eigenen Geld das im Dreißigjährigen Krieg völlig zerstörte Bötzow mit dem Städtchen Burg wieder aufbaute und viele Holländer ins Land zog. Deshalb heißt Bötzow seit dieser Zeit auch Oranienburg. Und in Potsdam gibt es ein Holländisches Viertel, das noch heute einen Hauch von der Tulpenrepublik um sich verbreitet. Außerdem hatte schon Albrecht der Bär im 12. Jahrhundert flämische Bauern südwestlich von Berlin angesiedelt, die den kargen Sandboden urbar machen sollten.
Alle brachten ihre Sprache, ihre Vorlieben für bestimmtes Essen und Trinken mit und vor allem ihre Fähigkeiten. So ist zu verstehen, warum aus all dem die überaus köstliche Mischung von Sprache und Küche entstand, deren wir uns heute erfreuen können. Deshalb wird im Holländischen Viertel Potsdams nicht selten ein niederländisches Platt zu hören sein, deshalb wird im Fläming nur wenig berlinert, eher aber von alten Menschen etwas Ähnliches wie das Deutsch von Rudi Carell gesprochen. In der Prignitz im nordwestlichen Brandenburg, im Ruppiner Land und in der nordöstlichen Ecke Brandenburgs, der zauberhaften Uckermark, ist Platt daheim.
Halten wir uns vor Augen: Berlin gehörte und gehört – zumindest was die deutsche Wetterkarte betrifft – zu Norddeutschland.
Daß jedoch im brandenburgischen

Havelberg in der Prignitz: eines der vielen idyllischen Städtchen im Havelland. Einst gehörte es zur Hanse. Auf Flüssen und Kanälen erreichten die Kaufleute Hamburg, Prag, Lübeck und Wismar.

Norden ein einheitliches Platt gesprochen wird, sollten Sie nicht glauben! Die Uckerer bedienen sich eines Dialektes, der dem mecklenburgischen Platt verwandt ist, der aber behäbiger und ein bißchen schwerfälliger daherkommt als der der Prignitzer. Ja, ein wenig Platt zieht sich sogar bis ins Havelland hinunter, wie das bekannte Gedicht vom Herrn Ribbeck auf Ribbeck im Havelland von Theodor Fontane beweist. Da heißt es: „Und kam ein Mädel, so rief er: ‚Lütt Dirn, kumm man röwer, ick hebbe 'ne Birn.'"

Nun ja, Brandenburg ist nicht Babel, doch mit verschiedenen Zungen wird auch hier gesprochen. Wenngleich sich alle verstehen. Heute leben in Berlin Menschen aus 152 Ländern, so behaupten jedenfalls die Statistiker. Die waschechten Berliner sind nicht selten geworden, sie waren es immer schon. Denn wenn der Volksmund seit langem meint: „Wat een echter Berlina ist, stammt aus Breslau", hat dies durchaus seine Berechtigung. Hat doch die Hauptstadt – zu allen früher schon Eingebürgerten – seit dem 18. Jahrhundert eine geradezu magnetische Anziehungskraft auf alle Landschaften Preußens und anderer Teile Deutschlands gehabt. West- und Ostpreußen kamen an die Spree und blieben. Pfälzer und Rheinländer zog es ebenso ins Zentrum der Macht wie Schlesier und Sachsen. In dem göttlichen Mosaik sitzen aber nicht nur die Steinchen der verschiedenen (Sprach-)Zungen, Brandenburg und Berlin liefern auch die entsprechenden lukullischen Zutaten. Lassen Sie mich gleich noch einmal Fontane zitieren, der zu seiner Zeit wenig Gefallen an der Behauptung fand, die Berliner Küche sei langweilig und phantasielos. In einem Gedicht schrieb er:

„Der Himmel, der uns so hegt
und pflegt,
hat uns alles wie vor die Tür
gelegt:
Im Grunewald Schwarzwild,
Hirsch und Reh,
Spargel en masse bei Halensee,
Dill und Morchel und Teltower
Rüben,
Oderkrebse hüben und drüben,
Auf dem Hohen Barnim Fett-
hammelherden,
(werden mit Nächstem South-
downs werden),
Königshorster Butter, in Speren-
berg Salz
Im Warthebruch Gerste, Graupen
und Malz,
In Kienbaum Honig, im Havel-
land Milch,
In Luckenwalde Tuch und Dillich,
Bei den Werderschen Kirschen
und Aprikosen,
Und bei Potsdam ganze Felder
von Rosen.
Nichts entlehnt und nichts
geborgt,
Für Großes und Kleines ringsum
gesorgt."

Die Zeit ist über des Dichters Verse hinweggegangen. In Halensee stehen Mietshäuser, der Spargel kommt schon lange aus dem Fläming; um Beelitz herum sieht es aus, als hätte ein Genius Notenzeilen in den märkischen Sand gezogen für ein nicht endenwollendes Loblied auf das feinste aller Gemüse. Kurz vor Sonnenaufgang stechen fleißige Hände die Spargelstangen aus den tausend und abertausend schnurgerade gezogenen Erdkämmen des in Wellen gelegten Bodens. Kenner schwören auf Beelitzer Spargel, es sei der beste aus deutschen Landen! Außerdem vergaß Fontane auch den Fischreichtum in Brandenburgs Flüssen und mehr als tausend Seen. Dem Meerrettich hat er keine Zeile gewidmet, den seine Großmutter, die eine begnadete Köchin gewesen sein muß, über alles schätzte. Doch ich schweife ab, dazu kommen wir ja noch auf unseren kulinarischen Streifzügen durch die Brandenburger Regionen; nur Geduld.

Einer der wichtigsten Männer Preußens: Freiherr von Stein. Er führte unter anderem die Freiheit der Person und des Grundeigentums unter Friedrich Wilhelm III. ein, setzte die Selbstverwaltung der Städte durch und schuf ein Staatsministerium mit Fachministern.

Jute Troppen und miserable Jesöffe

Flüssiges hat in Berlin und Brandenburg viele Namen. Bier, Schnäpse, Liköre und Kräuterbitter kommen sowohl aus der Hauptstadt als auch aus allen vier Himmelsrichtungen Brandenburgs.

Ein ganz Brandenburg und Berlin umfassendes Thema ist das Trinken in all seinen Spielarten. Im Land wie natürlich auch in Berlin gibt es hervorragende Biere. In Luckenwalde, mitten im Fläming, und in Cottbus, der Metropole des Spreewaldes, werden köstliche Liköre, Schnäpse und Kräuterbitter hergestellt, und natürlich die Berliner Destillen, die noch richtig arbeiten, nicht zu vergessen. Aus der Gegend um Werder im Havelland strömen alljährlich die berühmt-berüchtigten Obstweine in die Umgebung.

Und in Berlin gibt es sogar einen Weinberg. Klein ist es zwar, das Rebenfeld am Kreuzberg, doch der dort wachsende Kreuznero-berger ist dafür umso schlimmer.

Das alles war in Preußens Mitte nicht immer so. Mitte des 16. Jahrhunderts zum Beispiel war die damals existierende Doppelstadt Berlin-Cölln mit rund neuntausend Einwohnern gesegnet, und mehr als fünfundfünfzig Weinberge nebst sieben Weingärten umgaben den Ort. Vom ausgehenden Mittelalter bis in die Neuzeit hinein waren diese märkischen Weine wichtige Handelswaren. Was auf dem sechshundert Hektar großen Weinanbaugebiet der Kurmark gewonnen wurde, ging hauptsächlich nach Thüringen, Sachsen, Böhmen und Polen. Auf den flachen sandigen Hügelchen um Berlin gab es eine recht intensive Wärme, die die Trauben prächtig gedeihen ließ. Wo heute die Charité steht, lag der Hohe Weinberg, an der Neuen Schönhauser Straße der Mollardsche sowie der Wollanksche Weinberg. Straßennamen erinnern noch heute an diese Zeit: Weinbergshöhe, Weinbergstraße, Weinmeisterstraße, Weinmeistergrund und wie sie alle heißen.

Bis zu dem strengen Winterfrost im Jahre 1740 gediehen die kurmärkischen und Berliner Weine „Schönedel“, „Rehfall“, „Schillernder Traminer“ und wie sie genannt wurden, prächtig. Wie gut sie schmeckten, hat Adolf Glaßbrenner, der Verfasser witziger Lokalsatiren, in einer „Berliner Weinkarte“ mehr als deutlich für die Nachwelt aufbewahrt. Da gab es den Fahnen-Wein: „Wenn man davon een eenzijes Achtel über de Fahne jießt, so zieht sich det janze Rejiment zusammen.“ Und er schrieb über den Drei-Männer-Wein: „Wenn diesen, in der herrlichen Jejend bei Brandenburg jewonnen Traubensaft een Mann jenießen soll, so müs-

Alt-
Berliner
Schnäpse
&
Liköre

Ein Würstchen aus der Hand, ein kurzer Plausch über Wetter, Politik und die steigenden Preise – das sind die Freuden des Alltags. Ob am Prenzlauer Berg oder am Ku-Damm.

sen ihn zwee andere halten."
Diese Zeiten sind vorbei. Doch der „Kreuzneroberger" – in Berlin Kreuzberg gewachsen und gelesen, in Wiesbaden gekeltert – ist existent. Natürlich nicht zu kaufen! Die Bezirksregierung von Kreuzberg kredenzt ihn auf großen Empfängen und von Zeit zu Zeit wird eine Flasche verschenkt. Ich hatte das zweifelhafte Vergnügen, diesen Tropfen kosten zu dürfen ... Wenn Ihnen wie und wann auch immer diese große Ehre einmal drohen sollte, jeben Se Hasenpanier, det is jesünder!

Weil wir beim Trinken sind, ist da natürlich auch die schlimme Geschichte mit dem Kaffee. Große europäische Städte hatten längst ihre Kaffeehäuser, so um 1650, Berlin nicht. Erst 1721 eröffnete ein dunkelhäutiger Herr des Namens Olivier am Lustgarten das erste Berliner Kaffeehaus. Trotzdem war die braune Bohne schon ganz schön bekannt, was den Herrn König wiederum mächtig ärgerte. Wurde doch gutes preußisches Geld für importierte Ware bezahlt.

Alles mögliche ließ Friedrich der Große sich einfallen, um den Leuten den Kaffeegenuß zu vermiesen. Er wetterte dagegen in den Zeitungen mit eigenhändig geschriebenen Beiträgen, in denen er einen Kaffee-Ersatz aus gerösteten Roggenkörnern propagierte. Die Berliner und Brandenburger sind dem Kaffee verfallen, nichts hilft. Da führt der Alte Fritz im Februar 1781 das Monopol fürs Kaffeerösten ein. Etwa zweihunderttausend Taler werden in dieser Zeit pro Jahr in Preußen für Kaffee ausgegeben. Nun darf nur noch der Staat rösten und verkaufen. Um das Rösten in anderen als staatlichen Häusern wirklich zu unterbinden, setzt der König besoldete Späher ein. Diese vom Berliner Spott schnell als „Kaffeeriecher" verhöhnten Büttel laufen durch die Straßen und schnuppern an Türen und Fenstern – ganz Preußen lacht, am meisten Berlin.

Der hohe Kaffeezoll Friedrichs II. brachte die Gärtner unter den Hugenotten auf die Idee, Zichorie anzubauen, deren Wurzeln geröstet und gemahlen wurden und so als Beigabe für den dünnen Kaffee-Aufguß, also die sogenannte Lorke, wenigstens für eine schwarze Farbe sorgten. Die Franzosen, die zu jener Zeit in Berlin die Besatzer waren, nannten diesen sogenannten Kaffee *café prussien* oder *café allemand*,

berichtet Fontane in seinem Roman „Vor dem Sturm“. Zumeist aber wurde er als *mocca faux* bezeichnet, als falscher, verfälschter Kaffee. Geht Ihnen schon ein Lichtlein auf? Ja? Sie haben völlig recht. Aus diesem *mocca faux* wurde bei den Berlinern *Muckefuck*. Hugenotten und gallische Besatzer sind im heutigen berlin-brandenburgischen Wortschatz immer noch deutlich aufzuspüren. Aus *boutique*, einem Ladengeschäft, wurde *Budike* für die Kneipe, aus *bouteille* für Flasche entstand das berlinische *Putelje*, aus *estaminet* (unscheinbare Gastwirtschaft) machte der Berliner *Stampe*. Das sprachlich ebenfalls in Berlin entstandene Kommißbrot ist nicht auf die lateinische Wendung *committere proelium*, eine Schlacht liefern, zurückzuführen, sondern auf die vom Staat beauftragten *commissionnaires*, die in Ermangelung von Militärbäckereien das Brot für die Truppen in der Stadt aufkauften.

Nun wollen wir die Historie Historie sein lassen und uns gemeinsam dem heutigen Berlin und dem heutigen Brandenburg etwas intensiver widmen, auf eine Art, die mein Freund Hotte so formuliert: „Also, die Jejend, na, ick meene Brandenburg und so, mußte am eijenen Leibe erfahren. Loofen kannste ooch, det ist jesünder.“

Berliner Weiße mit oder ohne Schuß – ein erfrischendes, ganz weltliches Vergnügen.

Lieba wat Jutes, dafür een bissken mehr

In Berlin bleibt kein kulinarischer Wunsch unerfüllt. Und was der Markthändler nicht haben sollte, bekommt man in Kneipen, Restaurants, Imbißbuden, Feinkostläden, Sterne-Hotels …

In der Geschichte der Kochkunst hat Berlin, damit meine ich das historische Berlin, keine unübersehbaren Spuren hinterlassen. Den kulinarischen Großtaten der französischen Küche oder der jahrhundertealten Kunst der Pasta kann die deutsche Hauptstadt nur kleine Bescheidenheiten wie die Bulette, den Kassler Braten, das Eisbein und einige mehr entgegensetzen. Kommen wir jedoch auf die gute alte Hausmannskost, die bürgerliche und gutbürgerliche Küche zu sprechen, da hat Berlin ein höchst gewichtiges Wort mitzureden. Und weil über das Berlin der politischen Geschichte schon unzählige Bücher geschrieben wurden, ebenso über die Kunst, die Kultur und die Architektur dieser Stadt, gehen wir gleich hinein in die Küche, machen einen kleinen kulinarischen Exkurs über das Wie und Warum.

Früher war das ganze Land um Berlin herum arm. Auch in der Stadt selbst kamen die Bürger nur recht langsam zu Wohlstand. Noch bis ins 20. Jahrhundert hinein konnte sich die große Mehrheit der Berliner höchstens einmal pro Woche Fleisch leisten, wenn überhaupt. Dazu kam das in aller Regel recht spartanische Leben des Hofes. Die Küche des Preußenkönigs Friedrich Wilhelm I. hatte in ganz Europa einen denkbar schlechten Ruf, was nicht zuletzt der Markgräfin von Bayreuth zugeschrieben werden muß, denn ihre Memoiren, in denen sie sich schrecklich über die kargen Mahlzeiten am väterlichen Hof beschwerte, waren seinerzeit ein Bestseller. Der Soldatenkönig war sparsam, um nicht zu sagen geizig. Jedoch nicht ohne Vernunft.

Bei Friedrich dem Großen, des Soldatenkönigs Sohn, änderte sich die Hofküche gewaltig. Fridericus war Feinschmecker und Vielesser, *gourmet et gourmand*, wie sein häufiger Gast Voltaire schrieb. Er holte sich den Franzosen Noël de Périgueux als Hofküchenmeister, dem er aber, bei aller persönlichen Wertschätzung, ständig auf die Finger schaute. Friedrich verlangte stets acht Platten auf der täglichen Tafel, wobei seine äußerst schwerverdaulichen Lieblingsgerichte niemals fehlen durften, vor allen anderen Aalpastete. Alles mußte stark gewürzt sein, was dem Monarchen niemals ausreichte, er salzte unmäßig nach. Durst konnte nicht ausbleiben, den Friedrich am liebsten mit

französischen Weinen löschte; einen Sancerre von der Loire mochte er besonders.
Mit der Französischen Revolution kam ein neuer Schub Franzosen zu den schon ansässig gewordenen Hugenotten nach Berlin. Mit ihnen kam auch ein Hauch von Weltläufigkeit, von Internationalität in die Stadt. Einen guten Anteil daran hatte eine neue Gesellschaftsschicht: die Juden. Durch eine ganze Reihe sehr geistreicher Frauen integrierten sie sich schnell in höheren Kreisen und Rahel Varnhagen etwa oder Henriette Hertz waren zu jener Zeit Mittelpunkte der Salons, zu denen eingeladen zu werden ein heißbegehrtes Ziel war. Die kulinarischen Freuden spielten immer noch eine eher untergeordnete Rolle. Wenn Friedrich List erzählte, daß er „Reviere gesehen, wo ein Hering an dem an der Zimmerdecke befestigten Faden mitten über dem Tisch hängend, unter den Kartoffelessern von Hand zu Hand ging, um jeden zu befähigen, durch Reiben an dem gemeinsamen Tafelgut, seiner Kartoffel Würze und Kraft zu verleihen“, dürfte es doch eine Ausnahme gewesen sein. Aus dem Hause Eberty, einem der reichsten im damaligen Berlin, wird berichtet, abends setzte die Haus-

Leierkastenmann in einem Charlottenburger Hinterhof, auch heute noch gern gehörter und gesehener Gruß aus Ur-Opas Zeiten.

Gründerzeitfassaden am Chamissoplatz in Berlin-Kreuzberg.

frau auch den Gästen Butterbrot mit Grüntaler oder Stettiner Bier vor. Fleisch zum Mittagessen war den Begüterten vorbehalten. Berlin war eben nur unwesentlich anders als die Provinz. Bezeichnend für etwas später ist die von Otto von Bismarck berichtete Begebenheit: Als Student war er mit Freunden in einem sehr vornehmen Berliner Haus zum Ball geladen, brachte frech-fröhlich ein Paket Stullen mit und verzehrte sie in aller Öffentlichkeit, denn das kalte Buffett machte einen allzu mageren Eindruck. Natürlich wurde der Stullenesser von der Gästeliste gestrichen.

Mit der zunehmend in Berlin entstehenden Industrie wurden immer mehr Hotels gebaut, wie auch die letzten Hohenzollern aus der Hauptstadt regierten und Diplomaten wie Lobbyisten aus aller Welt anzogen. Die „Große Welt" feierte, aß und trank vom Besten. Die Halbwelt rekrutierte sich ebenso wie die Unterwelt sich organisierte. Berühmte Köche arbeiteten in Berlin, doch was blieb, war bescheiden. Natürlich findet der Feinschmecker auch heute Gourmettempel mit Preisen bis zu 200 Mark und mehr für das Menü, doch die teuersten entpuppen sich oft als die durchaus nicht besten Restaurants. Von den gut 5000 „Bewirtungsstätten", wie es amtlich heißt, sind die meisten der Kategorie Kneipe zuzurechnen und stets nur mit einem recht überschaubaren Küchenzettel ausgestattet. Von den königlichen Tafelgewohnheiten seit dem Großen Kurfürsten ist im gegenwärtigen Berlin nur herzlich wenig übriggeblieben und in die Kochbücher gelangt.

Neben Restaurants mit ausländischer Küche, es dürften so an die neunzig Nationen vertreten sein, gibt es Gaststätten mit ganz normaler Küche und die Häuser mit typisch Alt-Berliner Flair nehmen erfreulicherweise wieder zu, auch im Hinblick auf die Küche.

In den Kneipen steht immer noch der Hungerturm auf der Theke, ein Glasschrank mit den spezifisch Berliner Snacks Solei, Sülzkotelett, Bulette und den obligatorischen halben Schrippen mit Hackepeter.

Die Berliner gingen und gehen mit der Zeit, doch ihrer bodenständigen, deftig-kräftigen Küche sind sie bis heute treu geblieben. Seit die Stadt nicht mehr geteilt ist und Berlin wieder ungehinderten Zugang zu seinem Umland, zu Brandenburg hat, ist auch im

westlichen Teil der Stadt die Rückbesinnung auf das Alte immer deutlicher spürbar. Die Brandenburger Gemüsegärtner, Bauern und Metzger wie auch die Wild- und Fischhändler kommen auf die Märkte, machen nun allen Berlinern die Schätze aus ihren Regionen wieder schmackhaft. Fast ein halbes Jahrhundert war es zumindest den West-Berlinern ja versagt, was die moderne Nouvelle cuisine als Voraussetzung für die Harmonie einer guten Küche fordert: Alle Zutaten für ein gutes Menü kommen aus *einem* Wuchsgebiet. Nun ja, die unterschiedlichen Anbau- und Herkunftsregionen innerhalb Brandenburgs als „ein Wuchsgebiet“ zu bezeichnen, ist vielleicht ein wenig übertrieben. Doch Berlin ist ja noch heute sozusagen ein Mikrokosmos von Brandenburg in Sachen viele Nationen, viele Völker, viele Traditionen und viele Kochgewohnheiten, die sich über Jahrhunderte zu einem Ganzen verschmolzen haben. Dabei ist eins sicher: Sehr viel mehr Berliner kochen und essen nach den Rezepten von Großmutter Fontane und Mutter Hoppe oder ziehen vor, was einst der gute Papa Zille besonders gern mochte, als daß sie nach Paul Bocuse oder Hosiman verlangen.

Der Berliner schämt sich auch keineswegs für seine kulinari-

Was anderen Landsleuten die eigene Wohnstube, ist den Berlinern die Kneipe an der Ecke. Über siebentausend soll es davon geben – und einige konnten sich jedem Trend widersetzen, sie überlebten alle Moden.

Die Currywurst ist eine Ur-Berliner Erfindung. Doch ihre Monopolstellung ist bedroht. Sie muß sich gegen scharf gewürzte Konkurrenz vom Döner-Drehspieß behaupten.

schen Eigenheiten, etwa für zerhacktes Fleisch, was durch einen enormen Verbrauch von Hackepeter, Buletten, Falscher Hase und Frikassee bewiesen wird. Daß die Spree-Athener sehr gern gepökeltes Fleisch verarbeiten, ließ schon manchen Meister der internationalen Kochkunst die Nase rümpfen und dies verächtlich als „Küche à la Berlinoise“ an den Rand des Abgrundes rutschen, weil das Pökeln nach ihrer Meinung den Geschmack des Fleisches verdirbt. Und doch hat das Eisbein alle diese Angriffe überlebt, wird heute überall gegessen, nur daß es überall auch teurer ist als in Berlin. Denn wo bekommt der hungrige Gast heute ein Eisbein von mehr als 1200 Gramm mit Sauerkraut und Erbspüree für 11 Mark? Die Philosophen Immanuel Kant und Friedrich Klopstock liebten es, Marlene Dietrich nannte es anläßlich einer weltweiten Umfrage einmal ihr Lieblingsgericht, und ich esse es auch mindestens alle zwei Wochen.

Eine Berliner Küchenerfindung wurde sogar patentiert. Der Koch Johann Heinrich Grüneberg machte damit nicht nur von sich reden, er wurde auch ein ziemlich reicher Mann. Grüneberg wollte – vor allem auch für die Stadt- und Armenküchen – vielen

Menschen ein billiges Mittagessen ermöglichen und erfand kurzerhand die Trockenkonserve Erbswurst. Sie wurde gleich so getauft, weil man Erbsmehl, Zwiebeln, Rinderfett und Gewürze konservierte, trocknete und in runde Portionen preßte, von denen gleich mehrere in eine wurstförmige Rolle verpackt wurden. Das war 1867. Die preußische Armee wurde sofort hellhörig, weil sie diese Erbswurst aus einem ganz anderen Blickwinkel betrachtete. In einem Test wurden etwa hundert Soldaten einige Wochen lang unter härtesten physischen Bedingungen nur von trockenem Brot und in heißem Wasser aufgelöster Erbswurst ernährt. Der Test war ein überwältigender Erfolg, die Soldaten hielten durch, waren zufrieden und der Staat kaufte Grüneberg Rezept und Fabrikationsverfahren für fünfunddreißigtausend Taler ab. Blitzschnell wurde eine Fabrik für die Erbswurstproduktion gebaut, noch ehe 1870 der Krieg gegen Frankreich ausbrach. Fortan gehörte die Berliner Erbswurst zu jeder eisernen Ration der preußischen Soldaten. Sehn se, det is Berlin! Und wenn wir dann „ooch noch feststelln, wie die Sachsn unsre feine Jemüseplatte – det war een Jeschenk von die Huchenotten, det die mitjebracht ham – in een Topp richtich zu Pampe vakochen lassen, die nenn det Leipzijer Allerlei, könn wir nur lachen! Det sind doch richtije Buljongköppe (det ham wa ooch von de Franzosen, kommt eejentlich von *brouillon* für Wirrkopp, also doppelt jemoppelt, wie wir Berlina sagen).“ Bliebe noch hinzuzufügen: Selbst im seit Jahrzehnten renommierten Lexikon der Küche von Richard Hering wird unter dem Stichwort Leipziger Allerlei die falsche Zubereitungsart angegeben.

Auf einem kleinen kulinarischen Seitenweg gelangt man zur Königlichen Porzellan Manufaktur Berlin KPM. Wer es sich leisten konnte und kann, serviert an Sonn- und Feiertagen auf einem der herrlichen Service, die in Dekor und Qualität den Mitbewerbern aus Meißen keinesfalls nachstehen. Friedrich der Große kaufte die noch ganz junge Manufaktur einem Berliner ab, der in Zahlungsschwierigkeiten gekommen war und hat ganz wesentlich dafür gesorgt, daß KPM heute weltweit einen guten Namen hat. Für sein eigenes Service erkor sich der König übrigens ein

Vom Stehimbiß zum Flohmarkt und in Nippes, Kitsch und altem Trödel wühlen – so kann man in Berlin Tage zubringen…

Nächste Dopppelseite: … oder in der Schloßanlage Potsdams vor der Kulisse der Orangerie der einstigen Größe Preußens nachtrauern.

Auf dem Rücken der Pferde bei der Hubertusjagd wie früher die feinen Junker oder beim Galopprennen im Hoppegarten auf Pferd und Reiter setzen – Berlin befriedigt alle Ansprüche.

Dekor in *bleu mourant*, zu deutsch sterbendes (blasses) Blau. Der Berliner charakterisierte die zarte Pastellfarbe als „Verjißmeinnicht in Milch jekocht“ und machte schnell aus *bleu mourant* „blümerant“.

„Sehn Se, det is ooch Berlin!“ Was nun nicht so ganz in den Rahmen der Berliner Bescheidenheit zu passen scheint, sind zwei kulinarische Rekorde, die von den Spree-Athenern gehalten werden. Einmal sollen in keiner anderen deutschen Stadt so viele Menschen außer Haus frühstücken (weshalb es an praktisch jeder Straßenecke eine Kneipe gibt, die morgens ab 6 Uhr oder 9 Uhr sehr preiswerte Frühstücksangebote offeriert), zum anderen ist in Berlin der Champagner-Verbrauch pro Jahr und Kopf der Bevölkerung höher als sonst irgendwo im Lande. Was die statistischen Erbsenzähler nicht alles herausfinden!

Ganz ohne Statistik und ohne jede Schwierigkeit ist herauszufinden, daß die Berliner von jeher dem Bier sehr zugetan sind. Zu Zeiten, als Berlin noch wesentlich kleiner war – erst Ende der Zwanziger Jahre wurde die Großgemeinde Berlin geboren –, gab es einmal mehr als zweihundert Brauereien in der Stadt. Heute sind es noch gerademal eine Handvoll Großbrauereien, zu denen erfreulicherweise ein halbes Dutzend Gasthaus-Brauereien kommen, die sich zunehmender Beliebtheit erfreuen. Selbst ausgesprochene Wein-Restaurants kommen in Berlin nicht ohne mindestens zwei Biere aus. Und in den mehr als dreitausend Kneipen jeglicher Couleur laufen die Zapfhähne unaufhörlich! „So ne richtiche Molle zischen, Männecken, da jeht jarnischt drüba!“ Und die berühmte Berliner Weiße kann wieder fröhliche Urständ feiern. Eigentlich ist die Weiße ja keine Berliner Erfindung, vermutlich kam sie aus Hamburg an die Spree. Doch die Berliner Brauer machten eben das aus ihr, was sie heute ist. Das Berliner Wasser, vor allem aber die Berliner Luft machten das Geheimnis aus, von dem schon Wallenstein im Dreißigjährigen Krieg 1628 schwärmte: „Das ist das einzige Getränk, das nach einer heißen Schlacht meinen Durst löschen kann!“ Ob der Feldherr allerdings „ne Weiße mit Schuß jekippt hat, det wissen die Jötter!“ Dieser berühmte Schuß – Himbeer- oder Waldmeistersirup ist es in der Regel,

Berlin hat sich rasant entwickelt. 1690 waren es nur 20 000 Einwohner, 100 Jahre später 150 000. Das Groß-Berlin von heute entstand erst in den 20er Jahren dieses Jahrhunderts. Heute sind es 3,5 Millionen – und für das nächste Jahrtausend werden 5 bis 6 Millionen vorausgesagt.

Flohmärkte haben in Berlin einen ganz besonderen Reiz. Nirgendwo sonst wird es deutlicher, daß Berlin ein Schmelztigel von vielen verschiedenen Kulturen ist.

andere Schüsse sind im Rezeptteil zu finden – ist wohl doch etwas jünger. Was jedoch heute noch mit einer Flasche Berliner Weiße getan werden kann, findet immer mehr Liebhaber. Am besten, Sie nehmen mehrere Flaschen, einige Stangen Siegellack und eine Karre voll feinem Sand. Die Kronenkorken der Flaschen werden mit reichlich heißem Siegellack absolut luftdicht verschlossen und dann auf eine Sandschicht im dunklen, kühlen Keller gestellt und mit noch mehr Sand völlig bedeckt. Bis zu zwei Jahren können Sie das Bier so aufbewahren – es wird nur besser! „Champagner-Weiße" heißt es dann unter Kennern und ist ein überaus köstlicher Biergenuß. Wallenstein hat dies sicher nicht gekostet, wohl aber ein Biedermeier-Verseschmied des Namens Stolz. Er bedichtete die Berliner Weiße so:

„Wär ich gar ein Hochgestellter
und ich redte auch mit drein,
oder ein Reportefeuillter.
Ach wie würd' ich pfiffig sein.
Ich würd' ein Gebot erlassen,
keiner tränke mir mehr Wein.
Ganz Berlin mit Platz und Straßen
müßt 'ne Weißbier-Kneipe sein."

Vielleicht war es dieses Verslein, das den Berliner Albert Lortzing endgültig zur Weißen bekehrte, denn er komponierte eine Melodie dazu.

Wenn der Frühling kommt, beginnt die Hoch-Zeit der Berliner Weißen. Die Kneipiers geben dem Kellner die Order: „Justav, trach de Oleandertöppe raus, aba stell'se jut ausenander, denn sieht det mehr nach Park aus!" Und die Biergärten füllen sich immer schneller. Der Poet Richard Zoozmann muß einst auch einmal lange auf seine Weiße gewartet haben, denn er schrieb, stets den flinken Ober mit vollen Tabletts an seinem Tisch vorbeieilend, eine beschwörende Ode, deren Schluß seine ganze Qual zum Ausdruck bringt:

„Brachte andern Trank und
Speise,
Brachte aber mir nichts mit,
‚Wo bleibt meine Weiße?' rief ich,
Als er abermals mich schnitt.
‚Gleich, Herr,' ruft der Kellner,
‚Wollen Sie sie ohne oder mit?' –
‚Bringen Sie sie ohne,' sprach
ich,
‚Aber bringen Sie sie mit!'"

Ein Fremder in Berlin, der noch dazu die Weiße mit – also mit Schuß – nicht kennt, findet diesen Vers natürlich absolut albern.

Aber so sind eben die Berliner, „imma 'n Witz uff 'n Lippen". Und Sie, hochverehrte Leserinnen und Leser, erwarten nun von mir selbstredend einige Hinweise auf Lokalitäten, „woselbst Se ne Berlina Weiße hinta de Jurgel loofen lassen könn. Also, wenn der Valejer mir hundat Seiten mehr jenehmigt hätte für det Buch, könnt ick det ja machen, aba so?"
Trotzdem: „Zur letzten Instanz" in der Waisenstraße, ganz in der Nähe des Roten Rathauses in Berlin Mitte, ist die älteste Berliner Kneipe. Unbedingt besuchen. Gleich neben dem Amtssitz vom Regierenden liegt „Mutter Hoppe", ein urgemütliches Alt-Berliner Gasthaus im Keller mit umwerfender Küche (Havelzander gibt's nirgends besser), wo allerdings Tischreservierung vorteilhaft ist. Ein paar Schritte weiter, am Eingang zum Nikoleiviertel, finden Sie den „Nußbaum", einst Papa Zilles Lieblingskneipe. Und natürlich „Leydicke" in der Mansteinstraße (Schöneberg), wo seit 1877 die Familie ihre Liköre und Branntweine selbst destilliert, „deswejen heeßt det ooch Destille, vastehn Se?" Oder Sie verbringen einen Abend mal bei Wilhelm Hoeck in der Wilmersdorfer Straße, einer urigen Kneipe, die zum letzten Mal 1892 renoviert wurde. Der Namensgeber dieser herrlichen Kneipe

Und wer mit dem alten Geschirr vom Trödelmarkt nichts anfangen kann, sollte das Porzellankabinett im Charlottenburger Schloß besuchen und die kunstvollen chinesischen und japanischen Vasen bestaunen.

Das kulinarische Paradies befindet sich im 6. Stock des KaDeWe. Hier gibt es alles, vorausgesetzt, die Geldbörse ist gut gefüllt.

trug seinerzeit seinem Nachfolger auf, das Ambiente keinesfalls zu ändern. Alle haben diesen Auftrag bis heute erfüllt, bis zum heutigen Wirt „Alfred“, der nun auch dem Denkmalschutz zu gehorchen hat. 100 Jahre nicht renoviert, werden Sie sagen, da kann man doch nicht reingehen! Sie können, verlassen Sie sich auf mich. Die braunen Wände tragen keine Farbe, das ist der Tabaksqualm von mehr als einem Jahrhundert. Doch die Wein- und Schnapsfässer an der Rückwand sind nur noch Dekoration, ausgetrunkene Behältnisse. „Und nu passen Se uff: Sollten Se doch in diese Destille jehn, setzen Se Ihnen uff keenen Fall an eenen von die Tische, det machen bloß Fremde. Sie bleib'n am Tresen oder an een von die brusthohen Stehtische steh'n, den jehörn Se gleich dazu!“

Für Feinschmecker, die nicht unbedingt jede Mark zweimal rumdrehen müssen, ist ein Einkaufsbummel in der „Freßetage“ des KaDeWe – Kaufhaus des Westens – ein absolutes Muß. Das Flaggschiff von Hertie, Europas größtes Kaufhaus, präsentiert auf mehr als 45.000 Quadratmetern über 250.000 Artikel. In der 6. Etage warten rund 30.000 Nahrungs- und Genußmittel auf Sie, davon etwa 1.800 verschiedene Käsesorten, 1.500 unterschiedliche Wurst- und Schinken-Spezialitäten und um die 350 Brotvariationen. An 16 Nobel-Theken stehen alle Arten von zubereiteten Köstlichkeiten zum Sofortverzehr bereit; ein Traum, vor dem jedes Schlaraffenland verblaßt! Ein Tip noch für Schleckermäulchen: „Confiserie Mélanie“ in der Goethestraße (Charlottenburg). Winzig ist das Lädchen, doch ein Stückchen vom Paradies. Schließlich nennt Confiseur Päller seine Kunden nicht Kunden, sondern Patienten, Pralinenabhängige.

Während Madame bei Mélanie etwas für (oder gegen) die „jute Fijur“ tut, lohnt sich für Monsieur ein Sprung in Deutschlands größten Whisky-Markt im Buckower Damm 86. Von den mehr als 8.000 verschiedenen Spirituosen bietet Hans-Jürgen Horn als Einzel- und Großhändler, Importeur, Sammler-Lieferant und Versender in alle Welt allein mehr als 1.000 unterschiedliche Whiskys an, selbst die britische Königsfamilie kauft bei ihm, wenn bestimmte Whiskys direkt in Schottland nicht mehr zu bekommen sind.

Über das kulinarische Berlin wäre noch eine Menge zu berichten. Doch einmal muß Schluß sein. Und schließlich soll jeder Besucher hier in dieser herrlichen, aufregenden, verrückten, lebendigen und an vielen Ecken auch romantischen Stadt an der Spree noch etwas zu entdecken haben. Worüber dann genüßlich und ausführlich zu reden und zu erzählen ist. Zum Beispiel im Traditions-Restaurant Borchard am Gendarmenmarkt, im Restaurant Lutter & Wegner, wo schon Heinrich Heine gern und viel aß und der Schauspieler Devrient zum ersten Mal das Wort „Sekt“ rief, als er Schaumwein haben wollte, oder aber bei einer Currywurst an irgendeiner der über tausend Imbißbuden. Die Currywurst übrigens ist eine Berliner Erfindung, „det lassen wir uns uf jar keenen Fall nehmen. Von wejen, die kommt aus Hamburg! In Hohenschönhausen isse det erste Mal jemacht worden, det war 1938. Und noch heute steht dort die Bude unta de S-Bahn, „Senatsrejenschirm“ heeßt det, und die Schwiejertochta vom Jründer vakooft an juten Tagen so um de 5.000 Stücker. Aba, det kann eener alleene ja nich wissen! Und wenn Se nach Berlin kommen, vagjessen Se nich: Lieba wat Jutes, dafür een bißken mehr!“

Und wer lieber Hammelfleisch vom Drehspieß ißt als Austern schlürft, braucht sicher nicht weit zu gehen.

Nächste Doppelseite: Berlin bei Nacht im weihnachtlichen Glanz der Lichter rund um die Gedächtniskirche.

Berlin Penta Hotel
SFB
BERLINER MORGENPOST
maxell
Spielbank Berlin
MÖVENPICK
rtshaus zum Löwen
e großen Drei
TOTO
Spiel 77
EFLOT

VEREINSBANK
international
HAMBURG-MÜNCHENER
Elektronik

Der Spreewald: Wasser, Meerrettich und Ammen

Im Spreewald findet man noch funktionierende Mühlen, die von Wasser angetrieben werden.

In grauer Vorzeit war es, als der Teufel mit einem Ochsengespann das Bett der Spree pflügte. Die Zugtiere aber, das heiße Höllenklima gewöhnt, machten in der Kälte der Eiszeit mitten in der Arbeit schlapp, lagen nur noch frierend und müde in den Riemen. Wütend warf Herr Pferdefuß seine Mütze nach ihnen und fluchte: „Meine Großmutter soll euch holen!“ Erschreckt über das giftige Fauchen ergriffen sie die Flucht, zogen dabei den Pflug hinter sich her, kreuz und quer über das Land. Am Ende war ein wirres Netz von 330 großen und kleinen, breiten und schmalen Wasserarmen entstanden – der Spreewald.

Experten sind damit überhaupt nicht einverstanden. Sie erzählen uns eine ganz andere Geschichte. Vom Rand des letzten skandinavischen Inlandgletschers floß das Schmelzwasser ab und ließ gewaltige Mengen von Ablagerungen zurück. Die Spree schüttete noch dazu einen breiten Fächer von Schwemmsand auf, plätscherte aber nur geruhsam vor sich hin. Nur sieben Meter Gefälle auf die vierunddreißig Kilometer der Hauptspree zwischen Fehrow und Lübben verhinderten, daß sie sich tief in den Boden eingraben konnte. Ihr Wasser lief fingerartig auseinander und bildete so die vielen Spreewaldfließe.

In ganz Europa ist diese einhundertfünfundsiebzig Quadratkilometer umfassende Naturlandschaft von einmaliger Schönheit. Obwohl der Mensch ganz schön eingegriffen hat. Im Laufe der Jahrhunderte hat er sich die natürlichen Wasserstraßen so nutzbar gemacht, daß heute so manches Ziel per Kahn schneller, weil direkter erreichbar ist, als mit Rad oder Auto.

Der Spreewald mit seiner vielfältigen Flora und Fauna, von der UNESCO als Biosphärenreservat zur Bewahrung von Natur und Kultur offiziell anerkannt, ist ohne Zweifel der bekannteste Landstrich in der Niederlausitz, der Region im Süden Brandenburgs. Immer wieder, wenn ich zwischen Lübbenau, der heimlichen Hauptstadt des Spreewaldes, und Burg, zwischen Lehde und Lübben, zwischen Guben und Cottbus unterwegs bin, werde ich von dem Gefühl beseelt, Hektik, Hast und Eile, aber auch großstädtischen Benzindunst und Lärm gäbe es überhaupt nicht. Zu jeder Jahreszeit empfängt uns ein anderes Bild im Spreewald, wenn wir uns von

einem mit kräftigen Armen ausgestatteten Fährmann durch das pittoreske Labyrinth der Kanäle und Fließe staken lassen. Überall sanfte Stille, die nur an Wochenenden durch lärmende Touristen oft jäh unterbrochen wird. Man gewöhnt sich dran, sind doch die Gäste neben der Landwirtschaft wichtigste Einnahmequelle der Spreewälder. Hohe Pappeln und Erlen bilden über den Fließen kunstvolle Dächer; ab und zu geht es unter aufragenden kleinen Brücken hindurch, die hier Bänke genannt werden, treten die Laubbäume einmal von den Ufern zurück, kann der Blick weit über grüne Wiesen schweifen, im Sommer und Herbst geschmückt mit riesengroßen Heuschobern in der für den Spreewald typischen Glockenform.

Alles scheint wie in längst vergessener Urwüchsigkeit zu verharren. Weiße und sonnengelbe Seerosen schwimmen auf dem Wasser, am Fließrand schauen Wasserhahnenfuß, Pfeilkraut und Froschlöffel aus den Fluten, nicht selten auch einmal ein paar Krebsscheren. Vom Ufer her lächeln Leberblümchen, Hopfen, Springkraut und Schwertlilien ebenso wie Fieberklee und Waldmeister. Und aus dem bunten Flor der Wiesen knallt im Frühling vor allem das intensive Gelb der Sumpfdotterblumen, die im

Auf einer Fläche von 75 Kilometern Länge und 15 Kilomtern Breite teilt sich die Spree in unzählige Flußarme, Fließe genannt. Kähne sind hier das schnellste und umweltfreundlichste Verkehrsmittel.

Sommer den blutroten Kuckuckslichtnelken und dem azurblauen Lungenenzian Platz machen. Über allem liegt wie ein süßer Zauber Holunderduft.
Die Wenden, heute eher Sorben genannt, sind hier seit etwa 600 n. Chr. zuhause. Sie lebten früher vorwiegend von der Jagd und vom Fischfang, ehe sich eine richtige Landwirtschaft etablierte. Die Wälder sind heute noch wildreich, Fische und Krebse gibt es in Hülle und Fülle. Trotz der germanischen Herrschaft, unter die die Sorben im 10. Jahrhundert gerieten, sind viele Traditionen und Bräuche bis in unsere Zeit erhalten geblieben. Das Osterreiten wird zwar nur noch selten durchgeführt, doch der Zapust, die sorbische Fastnacht, und das Hahnrupfen sind alljährliche Höhepunkte in dem arbeitsreichen Leben der Spreewälder.
Natürlich leben auch die herrlichen Trachten der Spreewälderinnen nicht nur in Gestalt der bekannten Puppen weiter, sondern werden an vielen Festtagen noch wirklich getragen. Leider, leider, die Männertrachten sind nahezu vergessen.
Die Spreewälder, mit viel sorbischem Blut in den Adern, leben in völliger Eintracht mit der Natur. Alles, was blüht und grünt, gehört untrennbar zu ihnen, zu ihrer Sicht vom Glücklich- und Zufriedensein. Ein ungewohnter Menschenschlag für den Fremden, still und gleichzeitig fröhlich, aufgeschlossen und kontaktfreudig. Und die Spreewaldkapitäne erst, von denen es ein gutes Tausend geben muß, legen bei ihren Fahrten oft einen recht skurrilen Humor an den Tag. Karsten, unser Fährmann, erzählt uns mit todernster Miene, daß es an vielen Stellen noch Kobolde im Wasser gäbe, die darauf lauern, bei den Besuchern Beute zu machen.
Gut sieht er aus, der Bursche, schlank, mittelblonde Haare und das für diesen Menschentyp im Spreewald charakteristische offene, klare Gesicht. Unsere Tante Hanna, die wir zu diesem Ausflug mitgenommen haben, erzählt uns, daß bis vor dem letzten Krieg in Berlin oft mehr Spreewälderinnen in ihren wunderschönen Trachten rumgelaufen seien als im Spreewald selbst. Galten sie doch als die besten Ammen und Kindermädchen. In der Tat: die Spreewälderinnen sind propere Mädchen, nicht zu groß, auf entzückende Weise pummelig, ohne dick zu sein,

In Lübben, der „grünen Stadt in einer grünen Umgebung“ werden wie in Venedig die Kähne durch das Wasser gestakt. Die überwiegend sorbische Bevölkerung hält mit ihren Trachten und Bräuchen an alten Traditionen fest.

Neben Wild und Gemüse bereichern natürlich die Fische der vielen Spreearme den Speisezettel – und Aal ist schließlich eines der Lieblingsgerichte der nahen Berliner.

und überall dort wohlgeformt, wo Rundungen hingehören. Eine wahre Augenweide!
Jetzt erst verstehen wir so richtig, warum in der Literatur aus und über Berlin die Spreewälder Ammen überall auftauchen. Ihre Naturverbundenheit beweist sich nicht zuletzt in einer gesunden Lebensweise – ob man es glaubt oder nicht, im Spreewald gibt es die Probleme Drogen und Alkoholismus praktisch nicht, und Rauchern sind wir unter den Einheimischen kaum begegnet!
Beim Essen bevorzugen die Spreewälder das Bodenständige, Gesunde: Kartoffeln, Gemüse, Getreide, Fisch und Wild.
Wie fast überall in Brandenburg ist auch im Spreewald das Angebot an Wild, Fisch und Gemüse überwältigend. Im Kerngebiet zwischen Lübbenau, Lübben, Lehde, Burg und einigen anderen malerischen Orten sind die Wälder und Auen Heimat für viele Wildtiere. Einem Bären wird man kaum mehr begegnen, der letzte soll, so sagt es die Überlieferung, 1650 geschossen worden sein. Auch Elche gibt es seit 1746 keine mehr.
Rehe aber, Wildschweine und Hasen tummeln sich in Hülle und Fülle ebenso wie Rebhühner und Fasane, die in der Spreewälder Gastronomie reichlich auf den Speisekarten auftauchen. Für Angler und Fischer sind die Fließe und Kanäle über den Spreewald hinaus in der ganzen Niederlausitz ein reines Eldorado. Natürlich nur mit einer gültigen Genehmigung! Karpfen, Hechte und Schleie werden jedes Jahr zu Tausenden ausgesetzt, so daß den Jüngern Petri das Glück auch wirklich hold ist.
Wenn wir vom Fisch erzählen, spielt das Örtchen Peitz, zwischen Cottbus und Guben gelegen, eine ganz besondere Rolle. Nicht alles können die Spreewälder allein der Natur überlassen, etwas nachgeholfen muß schon werden. Deshalb wird die Teichlandschaft um Peitz mit ihren bereits 1160 von Mönchen angelegten ablaßbaren Fischzuchtteichen aufs beste weiter gepflegt. In diesem Naturschutzgebiet wachsen die berühmten Peitzer Karpfen, aber auch Forellen, Schleie, Welse, Störe, Hechte und natürlich Aale – schließlich hat Berlin einen kaum zu stillenden Appetit auf Aal – heran.
Auch Barsche und Plötzen finden sich. Jedermann kann direkt an den Hälterbecken die gewünschten Fische kaufen oder an ausge-

wählten Teichen das ganze Jahr über kapitale Karpfen, Hechte, Forellen sowie – man höre und staune – sogar Welse selbst angeln. Sind Sie einmal in der Gegend und der Kalender zeigt das richtige Datum, sollten Sie keinesfalls das traditionelle Anfischen auf dem Teufelsteich verpassen, das Ende Juli bis Anfang August stattfindet.

„Was macht den Spreewälder stark? Pellkartoffeln, Leinöl und Quark“, so sagt der Volksmund. Leinöl ist für den heimischen Tisch in ganz Brandenburg ein Muß, besonders im Spreewald. Kurios dabei ist nur, daß die Ölmühle in Cottbus, sozusagen vor der Haustür gelegen, dem so erfolglosen Fortschritt im real existierenden Sozialismus einfach irgendwann zum Opfer fiel. Der von den vielen, zur Blütezeit hellblauen, Teppichen geerntete Flachs muß nun nach Erfurt transportiert werden, wo das Leinöl kaltgepreßt wird. Ohne Leinöl können, so meinen die Spreewälder, auch Kartoffelpuffer nicht gebraten werden. Und die Streusel für den Kuchen werden nur richtig, wenn Leinöl statt Butter in den Teig geknetet wird. Neben Leinöl führen Gurken und Meerrettich ein allgegenwärtiges Dasein in der Spreewälder Küche, wie auch außerhalb derselben. Den Wochenendausflügler erwartet etwa in Lübbenau am

Auch in Beeskow, dem mittelalterlichen Städtchen an der Spree, wird Fischfang betrieben. Südlich davon erstreckt sich der Schwielowsee, ein beliebtes Wassersportgebiet.

Die Gurken des Spreewaldes sind über die Grenzen Brandenburgs bekannt. Mühsam ist ihre Ernte, jede Gurke muß einzeln von Hand gepflückt werden.

Fährhafen eine kleine kulinarische Meile als Markt. Gurken spielen da eine dominierende Rolle, große und kleine, dicke und dünne, süße, süß-saure und saure Gurken warten da auf Käufer, und natürlich auch rohe Gurken in jeder Form und Größe. Gewürzgurken, Sauergurken, Senfgurken, Essiggurken, Pfeffergurken, die Vielfalt ist unglaublich. Ebenso phantasievoll wie die Rezepte der vielen unterschiedlichen Marinaden sind die Ausreden der Bäuerinnen, Fach- und Hausfrauen, wenn wir nach der Zusammensetzung dieser oder jener Gurkenlauge fragen. Es macht den Eindruck, als würden sie die geheimen Familienrezepturen nicht mal in der Beichte verraten. Doch katholisch ist in dieser Gegend sowieso kaum einer. Was wir lernen, ist Volksweisheit: „Was klärt den Kopp bei Mann und Frau? Saure Gurken aus Lübbenau!“ Sie können genauso gut aus Lehde kommen, aus Burg oder Lübben, aus Boblitz, Jethe oder von meiner Tante Hanna aus Cottbus. In der ganzen Familie wird sie liebevoll nur die „scharfe Hanna“ genannt, denn ihre Meerrettichsaucen sind das feinste vom Feinen. Wie könnte es bei einer eingefleischten Spreewälderin, die nicht einmal zehn Jahre jünger als das Jahrhundert ist, auch anders sein.

Meerrettich – ein lukullisches Zauberwort für Feinschmecker wie auch für Liebhaber deftiger Gerichte. Wer kennt ihn nicht, den geriebenen Meerrettich in Gläsern, der – mit Schlagsahne vermischt – einem Forellenfilet erst den richtigen Pfiff gibt, oder in enger Verbindung mit geriebenem Apfel, als Apfelkren wie die Wiener sagen, dem Tafelspitz zu höheren Ehren verhilft. Konserven sind allerdings die zweitbeste Lösung; Brandenburger, Berliner und vor allem Spreewälder kaufen die ganze Wurzel und reiben immer erst unmittelbar vor der Verwendung. Im Herbst wird der Boden reichlich mit Stalldung vorbereitet, der tief untergepflügt werden muß. Im Frühjahr werden mit einem Pflanzstock die Setzlinge, sie heißen im Spreewald „Schwiegatze“, bis zu einem halben Meter tief in den Boden gepflanzt. Mitte bis Ende Juni dann ist jede bis dahin gewachsene Stange mit Hand anzuheben, wobei alle Nebentriebe entfernt werden, ehe sie wieder in die Erde gesenkt werden. Im Oktober kommt die Zeit der Ernte.

Im Gasthaus Hirschwinkel in Lehde machen wir Mittagsrast nach einem Besuch des Spreewaldmuseums, das überaus interessant ist. Küchenchef Karl-Heinz Starick weiht uns bereitwillig in das Geheimnis der Spreewaldsauce ein, denn „dabei muß die Sahne die Sauce binden, damit Mehl so gut wie überflüssig wird. Der Löffel hat bei einem Spreewälder in der Sauce zu stehen!" Daß aber der Wein in Römern kredenzt werden muß, ist in dieser Gegend kein Muß. Obwohl in der Glashütte Döbern (Kreis Spree-Neiße) Glasbläser und Glasschleifer ihr Kunsthandwerk in Vollendung ausüben. Aus rotglühender zähflüssiger Schmelze bläst der Mundglasmacher ein Glas nach dem anderen nach uralter Handwerkstradition. Und die Schleifer geben dem Kristall und Bleikristall dann durch einen Tiefenschliff die Brillanz.
Müde kehren wir nach Berlin zurück. Allerdings nicht ohne in Calau einen kurzen Halt einzulegen. Hier soll der weit über den Spreewald hinaus bekannte Kalauer entstanden sein, diese Form des Witzes, der trotz oder gerade wegen seiner Blödheit so zum Lachen reizt. Der etwa, nach dem ein Mädchen zur Freundin sagt: „Ick hab jetzt een Freund, der arbeitet bei der Kirche." „Ach so," meint die Freundin, „Küster?" „Und wie!"

Je nach Größe und Zubereitung werden aus frisch geernteten Grünlingen Gewürzgurken, Senfgurken, Sauergurken, Essiggurken, Pfeffergurken oder – frisch zubereitet – die leckere Lübbener Gurkensuppe.

Nächste Doppelseite: Schloß Branitz in Cottbus, in dem von Fürst Pückler-Muskau wunderschön gestalteten Landschaftspark.

Die Flamen in Brandenburg

Ein ganzes Stadtviertel wurde für die flämischen Einwanderer in Potsdam errichtet. Leider hat man die alten Grachten und Wasserarme zugeschüttet, und von den einst 134 Backsteingebäuden sind nur noch wenige Straßenzüge erhalten.

Im Südwesten Brandenburgs, zwischen dem Havelland im Norden und der Niederlausitz mit Spreewald im Süden, hat die Eiszeit ganz schön gewirkt. Im Hohen Fläming konnten die Gletscherwasser an den Hügeln nur schwer vorbei. Besonders Brandenburgs höchster Berg, der Hagelberg mit seinen stolzen 201 Metern, mußte umflossen werden. Die dabei entstandenen tiefen Erosionsgräben werden Rummeln genannt und stellen heute sehr reizvolle Trockentäler dar, waldreich, von romantischen Schluchten durchzogen. Ganz anders sieht es im Niederen Fläming aus, der durch endlose grellgelbe Rapsfelder und weite Wiesen geprägt wird. Wald- und Wasserreichtum garantieren wie in fast allen anderen Regionen Brandenburgs auch im Fläming fast müheloses Glück für passionierte Jäger und leidenschaftliche Angler. Darüber hinaus zählt diese Landschaft als Paradies für Pilzsammler und der in großem Stil gepflegte Rapsanbau hat schon vor Jahrhunderten die Imker auf den Plan gerufen. Rapshonig aus dem Fläming ist überall heiß begehrt.

Besiedelt wurde dieses Gebiet schon im 12. Jahrhundert durch Flamen, die Albrecht der Bär ins Land holte, damit sie den sandigen Boden, der wenig Erfolg versprach, bearbeiteten. Das Ergebnis kann sich sehen lassen. Und weil die von den Flamen gegründeten kleinen Dörfer als „Flämlinge“ bezeichnet wurden, blieb der Name gleich für die ganze Region.

Eine wechselvolle Geschichte ist über den Fläming hinweggezogen. Oft ging das nicht ohne soziale Konflikte und Kriege ab, wofür die alten Stadtmauern, Wehrtürme und Tore in Treuenbrietzen, Luckenwalde und Jüterbog, besonders aber das Dreiburgenland mit Raben, Wiesenburg und Belzig beredtes Zeugnis ablegen. „Mein Herz dampft wie’ne Güterlok für Jüterbog“ heißt es in dieser geschichtsträchtigen Stadt, die von den Einheimischen gern als das Rothenburg der Mark in den Himmel gehoben wird. Im mittelalterlichen Stadtbild dominieren Kirchenbauten, haben doch zwei Erzbischöfe hier allerhand geleistet. Erzbischof Tagino von Magdeburg hat bis hierher die Polen verfolgt (anno 1007) und 1157 schenkte Albrecht der Bär das damalige Jutriboc dem Erzbischof Wichmann von Magdeburg als Belohnung für dessen

Hilfe bei der Wiedereroberung der Stadt Brandenburg. In der Reformationszeit tauchte dann ein eher unangenehmer Bursche in Jüterbog auf, der mit dem Werbeslogan „Die Seele in den Himmel springt, wenn der Groschen im Kasten klingt“ einen einträglichen Ablaßhandel betrieb. Dieser Pater Johann Tetzel muß jedoch erhebliche Schwierigkeiten mit den Jüterboger Bürgern gehabt haben, denn seine Laufbahn endete ziemlich böse. Der mit dicken Eisenbändern beschlagene Ablaßkasten steht seit jener Zeit in der Nikolaikirche. Neben dieser dreischiffigen Kirche mit wertvollen Decken- und Wandgemälden ziert die Stadt noch die Mönchenkirche, die Liebfrauenkirche als romanische Basilika aus dem 12. Jahrhundert, die gotische Jakobikirche mit sehenswerten frühgotischen Wandmalereien, das im 13. Jahrhundert von Zisterziensern gegründete Marienkloster und ein Franziskanerkloster aus dem 15. Jahrhundert.

Wer schnell reich werden möchte, muß sich mit einer Wünschelrute bewaffnet nachts nach Luckenwalde begeben, wo in der Nähe der Reste eines ehemaligen Burgwalls seit 800 Jahren ein Silberschatz vergraben sein soll. Luckenwalde, auch „Luckenwuppdich“ genannt, präsentiert sich eher als Handwerker- denn

Die Burgen Eisenhardt, Rabenstein und Wiesenburg haben dem Landstrich um das Städtchen Belzig den Beinamen „Drei-Burgen-Land“ verliehen. Sehenswert sind sie alle drei, die Burg Eisenhardt beherbergt ein Heimatmuseum, das sich Besucher nicht entgehen lassen sollten.

Nahe der Stadt Jüterbog liegt das ehemalige Zisterzienserkloster Zinna. In der Neuen Abtei wird die Stadtgeschichte vom Mittelalter bis zur Gegenwart lebendig. Auch Wohnungsausstattungen aus den von Friedrich II. eingerichteten Weberhäusern in Zinna können besichtigt werden.

als kulinarische Stadt. Mit einer Ausnahme allerdings, wird doch hier in der Brennerei Falckenthal seit vielen Jahren der berühmte Kräuterbitter „Zinnaer Klosterbruder“ gebraut, dessen Rezeptur einem Mönch des nahegelegenen Kloster Zinna zugeschrieben wird. Bemerkenswert ist auch die Tatsache, daß dieselbe Firma seit einiger Zeit den einzigen deutschen Whisky brennt, der ausschließlich brandenburgische Grundstoffe und Zutaten enthält.
Treuenbrietzen lohnt einen weiteren Halt bei der Wanderung durch den Fläming. Ursprünglich hieß der Ort nur Brietzen. Da hatte der Markgraf Ludwig von Bayern noch das Sagen in der ganzen Gegend. Als dann der sogenannte „Falsche Waldemar“ auftauchte und dem Bajuwaren die Oberhoheit streitig machen wollte, hielten die Brietzener treu zu ihrem Herrn Ludwig. Zur Belohnung hieß die Stadt daraufhin Treuenbrietzen.
Weit mehr bekannt ist Treuenbrietzen durch den Schuhmacher geworden, der Sabinchen so gern besitzen wollte. Dem Star dieser Moritat wird heute noch in der Sabinchenklause am Markt gedacht. Berühmte Gäste waren im Laufe der Zeiten Martin Luther, an ihn erinnert die vierhundert Jahre alte Lutherlinde vor der Kirche St. Marien, Zar Peter I. sowie Napoleon. Von letzteren sind keine Bäume zu finden. Und natürlich war der alte Geheimrat Goethe aus Weimar hier.
Am Kloster Zinna, nur einen Spaziergang von Luckenwalde entfernt, gründete Friedrich der Große 1764 eine Stadtgemeinde desselben Namens. Äußerst merkwürdig ist das Ortswappen, das ein recht dürftig bekleidetes Mädchen darstellt mit Weintrauben und einem Apfel in den Händen. Sywa ist es, die sorbische Fruchtbarkeitsgöttin. Und das in unmittelbarer Nähe eines Zisterzienserklosters, von dem noch die Basilika, das Siechenhaus und die neue Abtei stehen. Eine andere Kuriosität schockt den Besucher auch in Jüterbog, wenn er, vom Kloster kommend, das Zinnaer Tor durchschreitet. Eine gut erhaltene, wahrscheinlich schon x-mal renovierte Tafel fällt ins Auge mit dem Wahlspruch der Jüterboger: „Wer seinen Kindern giebt das Brodt und leidet nachmals selber Noth, den Schlage man mit der Keule todt.“ Ob wohl diese historische Hypothek zum kulinarischen Verweilen einlädt?

Lukull und Schlösser, Burgen und Literaten

Im Havelland prägen Wasserläufe die Landschaft und Süßwasserfische den Speisezettel.

Westlich von Berlin erstreckt sich das Havelland, vom Norden der Hauptstadt ist's nur ein Katzensprung ins Ruppiner Land und zwischen diesen beiden Brandenburger Landschaften, in der nordwestlichen Ecke des preußischen Kernlandes, liegt die zauberhafte Prignitz. Als ich vor einigen Jahren dieses Gebiet intensiver kennenlernen wollte, suchte ich nach vorbereitender Literatur, um mich einlesen zu können. Dieses Vorhaben mußte ich ganz schnell wieder aufgeben, denn in der Bibliothek konfrontierte mich eine junge Dame mit der Frage: „Mit welchen von den rund fuffzehnhundat Titeln woll's Se denn bejinnen? Mehr als fünfe jibt's uff eenmal nich, wa?"

In der Tat strotzt diese Region nur so von Schlössern und Burgen, aus deren Mauern nicht nur Tausende von Geschichten aus der germanischen, slawischen, preußischen und deutschen Historie herauslugen. In unzähligen Romanen und Novellen, von den Gedichten ganz zu schweigen, wird das Land behandelt und beschrieben, wobei immer wieder Lukull aus dem Gedruckten hervorschaut und nicht nur nahrhafte, vielmehr auch sehr delikate Hinweise gibt.

Der mittlere Westen Brandenburgs ist Havelland, immer der Havel entlang liegt es flach da im märkischen Sand als Streusandbüchse des einstmaligen Heiligen Römischen Reiches Deutscher Nation, wie ein etwas weltfremder Reisender vor einigen hundert Jahren zu bemerken pflegte.

Unendliche Wälder prägen das Bild ebenso wie große Wiesen, die sich mit moorigen Niederungen abwechseln. Immer wieder tauchen dazwischen langgestreckte Seen, Flüsse und Bäche auf, Kanäle mit Schleusen und kleine Brücken. Es gibt sogar einige Höhenzüge, wobei allerdings zweihundert Meter in ganz Brandenburg der absolute Gipfel ist. Öfter passiert der Wanderer Sandhügel, ehe er plötzlich wieder vor trockenen Heideflächen steht. Theodor Fontane hat diese Region literarisch entdeckt. Millionen von Menschen haben durch seine Reisebeschreibungen und Romane das Land erst kennen- und dann lieben gelernt. Potsdam, die Landeshauptstadt Brandenburgs, bildet mit Friedrich des Großen Sommerresidenz Schloß und Park Sanssouci und dem Cecilienhof das historische Zentrum. War es doch, wenn

schon nicht die Wiege, so doch das Gymnasium, also der Mittelpunkt des modernen Preußen mit seiner Garnison, den Langen Kerls, den Ministerien und der Verwaltung. Berlin spielte damals noch eine weitaus geringere Rolle.

Noch heute gibt es – die Potsdamer sind sehr traditionsbewußt! – eine historische Garde, die zu allen möglichen Anlässen auftritt. Allerdings freiwillig.

Das Havelland besteht aus Hunderten von kleinen Dörfern und nur wenigen Städten. Und natürlich spielen die romantischen Seen für den Wanderer und Entdecker eine wichtige Rolle. Der Schwielowsee gruppiert um sich die Orte Petzow, Geltow, Glinow und Lehnin, letzteres berühmt geworden durch sein Kloster. Die Umgebung der Stadt Brandenburg mit dem Beetzsee strotzt nur so von Geschichte.

In jenen Tagen hieß es allerdings noch Brennaburg und Brendanburg. Seit 1871 kommen die Fahrräder der Marke Brennabor aus der Domstadt am Beetzsee. Eine halbe Autostunde nördlich kommen wir in die Gegend von Rathenow mit vielen uralten Dörfern und wunderschönen Parks, die den Spaziergängern immer wieder ihren Zauber offenbaren. Südlich von Potsdam konzentriert sich etwas, das für das gesamte Havelland typisch ist, der Obst-

Ein Kanalsystem, das die Havel mit Elbe, Mittellandkanal, Müritz und Oder verbindet, verhalf den Städten im Havelland wie etwa Brandenburg zum Aufstieg. Fähren wie die in Caputh am Schwielowsee sind heute noch in Betrieb.

Das Havelland ist vor allem Obst- und Gemüseland. Seit dem 19. Jahrhundert werden hier die Früchte der Erde gepflegt und geerntet: Erdbeeren, Süßkirschen, Johannisbeeren, Stachelbeeren, Himbeeren, Schattenmorellen, Pflaumen, Birnen und Äpfel.

anbau. Inmitten eines riesengroßen Dreiecks aus Schwielowsee, anderen Langseen und vielen prächtigen seeartigen Havel-Ausbuchtungen liegt Werder. „Mittägliche Havelstille, Sonnenglut und Winkelgassen. Bilderbogenstadtidylle. Katzen, die sich streicheln lassen.“ Treffender als der Berliner Dichter Heinz Kahlau hat wohl niemand den Reiz dieser Inselstadt in Worte gefaßt.
Um Werder herum Obstbäume, so weit wir blicken können. Seit Mitte des 19. Jahrhunderts wird hier wie auch im nahegelegenen Caputh der Obstanbau intensiviert. So um 1920 herum war der Werder Deutschlands größtes zusammenhängendes Anbaugebiet für Obst und Beeren.
Heute sind es etwa noch zehntausend Hektar, auf denen vor allem Apfelbäume stehen. In großem Stil werden aber auch wieder Süß- und Sauerkirschen, Birnen, Pflaumen und Pfirsiche, alle Sorten von Beerenobst und seit jüngster Zeit auch Sanddorn angepflanzt.
Seit weit mehr als hundert Jahren gehört es zur Havelländischen Tradition, im Frühjahr das Baumblütenfest in Werder zu feiern, dessen Höhepunkt die Wahl der Blütenkönigin ist. Übrigens reifen Obst und Gemüse in dem Mikroklima inmitten all der Gewässer stets etwas eher als in anderen Teilen Brandenburgs.

Der Obstwein hat es in sich. Mit Sicherheit ist er lieblicher bis süßer im Geschmack als die richtigen Rebensäfte von anno dunnemals. Aber wehe wenn's zuviel wird. Der Dichter Klabund beschrieb einen Ausflug nach Werder oder, wie er es nannte, „ins Berliner Grinzing“ so: „Tante Clara ist schon um ein Uhr mittags sinnlos betrunken. Ihr Satinkleid ist geplatzt. Sie sitzt im märkischen Sand und schluchzt. Der Johannisbeerwein hat es in sich. Alles jubelt und juchzt. Und schwankt wie auf der Havel die weißen Dschunken.“ Köstliches für Zunge und Gaumen wächst im Havelland aber nicht nur im Himmel oder auf der Erde. Besonders *in* der Erde reifen hier zwei ganz besondere Genüsse. Machen wir also auf dem Wege von Berlin nach Potsdam eine Stippvisite in Teltow. „Ach nee, ick sehe, Sie merken schon wat!“ Richtig. Der Boden in und vor allem um Teltow ist denkbar schlecht. Ohne intensive Düngung wächst hier so gut wie nichts Eßbares. Selbst die Rüben, die seit Olims Zeiten gezogen werden, erreichen nicht viel mehr als die Länge eines Fingers. Trotzdem versuchten die Häusler und Kleinbauern sie in Handkörben nach Berlin zu tragen und dort zu verkaufen. Das ging aber nur mehr schlecht als recht. Da kam das Großfeuer von 1711 und legte fast alle Treptower Häuser in Schutt und Asche. Wie kommen wir zu einem lohnenden Verdienst, fragten sich die Leutchen, und kamen dabei auf die Idee, ihre Winzlinge von Rübchen durch Züchtung zu veredeln. Das gelang wunderbarerweise hervorragend. Der Geschmack verbesserte sich ganz wesentlich, nur die Größe leider nicht. Der miese Boden gab nicht mehr her. Doch das süßlich-erdige Aroma machte die Teltower Rübchen schnell beliebt, die Nachfrage stieg und ließ die Teltower bald den Anbau im Großen starten. Nicht zuletzt Goethe fand äußersten Gefallen an den Rübchen und ließ sich regelmäßig Portionen mit der Schnellpost nach Weimar bringen. In Frankreich und Italien galten sie bald als ausgesuchte Delikatesse. Sankt Plagiatus lauert überall. Der Erfolg machte neidisch und in anderen deutschen Landen versuchten Pfiffikusse solche Rübchen aus Samen zu züchten. Das vielerorts mildere Klima und die überall besseren Böden brachten zwar wesentlich größere

Ohne Kartoffeln gäbe es viele bekannte Brandenburger und Berliner Leibspeisen überhaupt nicht.

Nächste Doppelseite: Das Städtchen Werder, nur 40 Minuten vom Ku-Damm entfernt, war einst Fischerinsel, dann Mittelpunkt des havelländischen Obstbaus und Ausflugsort der Berliner.

Im Mai wird in Werder jedes Jahr das Fest der Baumblüte gefeiert. Berühmt-berüchtigt waren früher die Obstweine, denen die Berliner zügellos zusprachen.

Rüben zutage, doch ihren einmaligen Geschmack hatten sie verloren, es waren eben keine Teltower. Alle Versuche schlugen fehl. Leider kommt der im vergangenen Sozialismus fast zum Erliegen gekommene Anbau von Teltower Rübchen jetzt nur zögerlich in Gang, weshalb es nicht einfach ist, welche zu finden, um sie daheim in der Küche zuzubereiten. Doch wer suchet, der findet.

Das andere Edelgemüse, das nicht zutage treten darf, weil es sonst blaue Köpfchen bekommt, wächst in Beelitz. Im Frühjahr sieht das braune Land aus, als sei es mit einem riesigen Kamm in sanfte Zeilen gelegt, in dessen hügeligen Endlosreihen der Spargel versucht, ans Licht zu kommen. Und wer hätte es gedacht? Auch der Spargel ist für Brandenburg ein Gastgeschenk, das die Hugenotten aus Frankreich mitbrachten. Von Beelitz aus eroberte er sich die ganze Mark Brandenburg, denn der sandige Boden ist nahezu ideal, muß nur mit wenig Düngung verbessert werden. Gute Spargelbauern ernten pro Saison acht bis zehn Zentner pro Morgen und berühmte Küchenmeister wie Gourmets sind sicher: Deutschlands aromatischster und wohlschmeckendster Spargel kommt aus Beelitz und Umgebung.

Verläßt der Brandenburg-Wanderer das Havelland in nördlicher Richtung und überquert die Dosse, ein kleines Flüßchen, um nach Neustadt zu gelangen, ist er bereits in der Prignitz. So haargenau sind die Landschaftsgrenzen nicht zu ziehen, lokalpatriotisches Bemühen der jeweiligen Bewohner ordnen oft mal ein Dorf zu jener oder eben zur benachbarten Region. Der Prignitzer Dichter Hermann Graebke widmete der Prignitz einen Vers, der jedem Baedecker Ehre machen würde: „Wo de Elwstrom geiht, dörch dat Land sich dreiht, Havel, Löcknitz, Stepnitz un de Dosse, wo so wunnerschön Heid und Wischen blöhn und up saftig Weid werd fett de Oss. Ach, dat schöne Land is mien Heimatland, is min herzleew Prignitzland."

Leichte sandige Hügel – eigentlich eher Hügelchen-Ketten – durchziehen die an Wäldern reiche Landschaft, wechseln sich ab mit schwerem Ackerboden und weiten Wiesen- und Heideflächen. Einige Flüsse und viele kleine, blitzsaubere Bäche bieten in den Reservaten und Nationalparks einer ganzen Reihe gefähr-

deter Tierarten, darunter besonders seltene Vögel, einen ungestörten und geschützten Lebensraum.
Kulinarisch ist die Prignitz typisch brandenburgisch: viel Wild in den Wäldern, viel Fisch in den Gewässern, viel Rebhühner in den Wiesen. Halt! Da ist doch eine Besonderheit, denn die Prignitzer behaupten, aus ihrem Ländchen kämen die besten Rinder Norddeutschlands. Nicht vergessen werden darf auch der Knieperkohl, das Nationalgericht der Prignitzer. Wir haben uns den Mund fusselig gefragt nach dem Rezept. Kein Koch, keine Hausfrau verrät es. Alles, was wir erfuhren, ist die mehr als dürftige Zutatenliste: Weiß-, Blau- und Grünkohl, Weinreben, Salz. Aus. Allerdings muß das alles, wer weiß in welcher Zusammensetzung, fünf bis sechs Wochen luftdicht abgeschlossen bei Zimmertemperatur gären. Diesen Knieperkohl oder „Suer'n Knieper" müssen wir als Rezept also schuldig bleiben. Wäre das nicht ein Grund, in die Prignitz zu kommen und ihn vor Ort zu probieren?
Die Prignitz nach Osten hin zu verlassen, heißt, ins Ruppiner Land, in die Ruppiner Schweiz zu kommen. Große Namen tauchen sofort auf. Der Große Stechlin-See, unsterblich geworden durch Fontanes Roman „Der Stechlin",

Neben den sagenhaften Teltower Rübchen gibt es im Havelland noch ein Edelgemüse: Spargel, er gedeiht in den sandigen Böden um Beelitz hervorragend.

Nicht nur durch Kurt Tucholskys Erzählung ist Schloß Rheinsberg am Grienickersee berühmt geworden. Auch Theodor Fontane (rechts) weilte dort, als er seine Wanderungen durch die Mark Brandenburg unternahm. In Fontanes Geburtsort Neuruppin haben noch andere Berühmtheiten das Licht der Welt erblickt: der Klassizismus-Architekt Friedrich Karl Schinkel und der Illustrator Johann Bernhard Kühn.

der in ihm „Grün und Blau und Sonne“ sah. Auf dem Grund sitzt der Sage nach ein wilder roter Hahn, der so bösartig mit den Flügeln schlägt, daß oben die Boote umkippen, was ihn zu lautem Krähen veranlaßt. Stechlin rührt vom Slawischen *steklo* für Glas her, was der verzauberte See selbst an seiner tiefsten Stelle von siebzig Metern immer wieder beweist.

Und wir kommen nach Rheinsberg, erleben die Schauplätze von Kurt Tucholskys „Bilderbuch für Verliebte“, machen lange Spaziergänge durch den Park von Schloß Rheinsberg, das als das „Kleine Sanssouci“ ein wichtiger Treffpunkt in Preußen für Dichter, Musiker und Philosophen war. Friedrich Wilhelm I. schenkte Rheinsberg 1734 seinem Sohn, dem Kronprinzen Friedrich, der nach eigenem Bekunden von 1736 bis 1740 hier die glücklichste Zeit seines Lebens verbrachte. Aus dem Ruppiner Land stammen viele Berühmtheiten. Der Sohn eines Pfarrers aus Neuruppin, Karl Friedrich Schinkel, machte Karriere bis auf den Sessel des Generaldirektors der obersten preußischen Baubehörde, errang weltweite Anerkennung und ist in Brandenburg unter anderem als Schöpfer der Schlösser Glienicke und Babelsberg, des Tegeler Schlößchens und vieler anderer historischer Bauwerke in die Architekturgeschichte eingegangen. Neuruppin ist auch die Geburtsstadt Fontanes, der so überaus respektvoll mit ihr nicht umging, wenn er schrieb: „Die Stadt gleicht einem auf Auswuchs gemachten Staatsrock, in der der Betreffende, weil er von Natur aus klein ist, nie hineinwachsen kann. So entsteht eine Öde und Leere.“ Kulinarisch tritt das Ruppiner Land neuerdings durch eine wieder florierende Schafzucht mit ganz exzellenten Ergebnissen ins Bewußtsein. War früher Hammelfleisch eher ein Essen für arme Leute, weil sich die Schafe mühelos auf den kargen Wiesen ernährten, ist Hammelbraten heute wieder hochgeschätzt. Wir fanden heraus: Bei Detlef Nieß, Inhaber und Küchenchef vom „Waldhaus am Denkmal“ in Hakenberg, ist wohl der beste Hammelbraten Brandenburgs zu haben.

Die Barockanlage des Rheinsberger Wasserschlosses wurde von Friedrich II. bis 1740 bewohnt. Hier umgab er sich mit Gelehrten und Künstlern, schrieb den „Antimacchiavell“ und begann seine Korrespondenz mit Voltaire.

Nächste Doppelseite: Oderbruchlandschaft bei Altbleylen im Nordwesten Brandenburgs.

Schön und still, platt und satt

Schafzucht ist Landschaftspflege und kulinarische Bereicherung in einem. Die deftigen Lamm- und Hammelgerichte der Gegend beweisen es.

Ost-Brandenburg von der Uckermark im Nordosten über den Barnim in die Oder-Dahme-Region mit dem bekannten Gebiet des Oderbruchs bis hinunter an die Grenze zur Niederlausitz ist für die PS-bewehrten Durchfahrer, die obendrein mit viel Nüchternheit ausgestattet sind, eine Landschaft wie viele andere.
Wir hatten uns viel Zeit genommen. Und prompt kamen die Schwierigkeiten. Je mehr wir in das Land eindrangen, umso unwirklicher kam es uns vor. Vom Schauen zum Staunen, vom Staunen zum Schwärmen, das waren nur kleine Schritte. Unweigerlich gerieten wir ins Träumen. Kann es so etwas Schönes noch geben? fragten wir uns immer wieder und versuchten aus der Faszination immer wieder zur Wirklichkeit aufzutauchen.
In der ungeheuer wohltuenden Stille kann der, der sich ganz öffnet, den heimlichen Herzschlag dieses Landes hören, kann fühlen, wie die fast greifbare Harmonie und Schönheit von ihm Besitz ergreift. Man findet zu sich selbst zurück und spürt auf einmal eine fast vergessene Freude, wenn das Ich mit der Natur in Einklang kommt.
Viel Zeit brauchte es, um wieder ein wenig nüchterne Distanz zum tatsächlich Erlebten zu bekommen, die nötig ist für das Beschreiben, wie dürftig es auch ausfallen mag. Angesichts dieser noch existierenden Wunder entpuppt sich die Sprache doch als recht dürftig; man wünscht sich, Musiker zu sein, dies alles in einer Sinfonie ausdrücken zu können.
In der Uckermark gerät der Wanderer praktisch von einem Naturschutzgebiet ins andere. Ausgedehnte Wälder, durchsetzt von Mooren und Brüchen, wechseln mit Feldern und weiten Wiesen ab. Mehr als dreihundert Seen, Flüsse und Bäche durchziehen das Land und tragen ihren Teil dazu bei, daß die Uckermark die Kornkammer Brandenburgs und Berlins ist. Auf den fruchtbaren Lehmböden gedeihen die verschiedensten Getreide, wenn auch viel und harte Arbeit dazu gebraucht wird. Ich möchte nicht entscheiden, ob auf unseren kulinarischen Streifzügen auch Deutschlands nördlichstes Tabakanbaugebiet um die Stadt Schwedt einen Platz beanspruchen darf oder nicht. In dieser Gegend gibt der Boden nicht viel mehr her als Weiden, weshalb

neben der Rinderzucht wieder verstärkt die übermannshohen Knasterpflanzen gezogen werden. Wie nicht anders zu erwarten, ist auch dieser Zweig der Landwirtschaft mit den Hugenotten ins Land gekommen.
Mittelpunkt der Uckermark für den Naturfreund ist die Schorfheide, wichtigster Teil des mit 1,258 Quadratkilometern zweitgrößten Naturschutzgebietes und Biosphärenreservates Schorfheide-Chorin. Nachdem ganze Generationen von den Hohenzollern über den Dicken Hermann als Reichsforstmeister mit seinen Horden bis hin zu den Russen und nach ihnen den roten Bonzen in der Schorfheide ihre bevorzugten Jagdgründe sahen und auf alles schossen, was sich bewegte, ist wieder Ruhe und Ordnung in dieses einmalige Landschaftsgebiet eingekehrt. Was nicht zuletzt große Herden von Muffelwild beweisen, die Dank der Harmonie zwischen Tier- und Pflanzenwelt wieder die Wälder bevölkern. Daß genug Wild auch auf die Speisekarten der vielen Gasthäuser wie in die Feinschmeckerküchen kommt, dafür ist gesorgt. Groß Schönebeck, Liebenwalder Straße 8 – das ist die Adresse eines Ladens, in dem fast jeder Wildbret-Wunsch erfüllt wird: Rot- und Damwild, Rehe und Schwarzwild, ja sogar Mufflons sind hier

Berühmt ist das Federvieh aus dem Oderbruch, das nicht nur zu Weihnachten auf dem Speisezettel der Brandenburger und Berliner steht.

Nächste Doppelseite: An der Oder nahe der Stadt Schwedt.

Bei den Berlinern gelten die Schafe aus dem Barnim als die besten der ganzen Republik. Ihr Fleisch ist äußerst zart, der Schafskäse schlichtweg ein Gedicht.

im Angebot. Und wenn für die große Party ein ganzes Wildschwein gebraucht wird, um es an den Spieß zu stecken, dort ist es zu haben. (Ganz leise verrate ich Ihnen, es muß ja nicht jeder hören: Die Wildleberwurst und der Wildschinken, den wir dort gekauft haben, waren ..., also das ist nicht zu beschreiben, beides muß man probieren!)
In all der Natur kommen Kultur und Geselligkeit keineswegs zu kurz. Karneval wird in Angermünde ganz groß gefeiert, in der Stadt, in der Ehm Welk seinen bekannten Roman „Die Heiden von Kummerow" schrieb. In Prenzlau wie im Kloster Chorin sind die Sommerkonzerte bereits zu einer Institution geworden. Nach dem musikalischen Genuß im Klosterhof holte uns eine deftige Kartoffelsuppe mit Wurst in der Alten Klosterschänke wieder ins Reich Lukulls zurück, wenn die Suppe auch mehr als sündhaft war, denn der Name des Klosters Chorin leitet sich ab vom slawischen *chor* für mager, dürftig, schlapp. Das Kloster Chorin wurde 1258 als Filiale der Zisterzienser aus Lehnin gegründet und entwickelte sich schnell zum geistigen Zentrum, von dem aus die nordöstlichen Gebiete der Mark Brandenburg kultiviert wurden. Die ersten Klostereinrichtungen wurden auf der Insel Pehlitzwerder im Parsteiner See gebaut, aber als der Wasserspiegel anstieg, mußten sich die Mönche eine andere Bleibe suchen. 1273 begannen sie mit dem Bau der frühgotischen Backsteinbasilika und den dazugehörenden Klostergebäuden am heutigen Standort am Amtsee. Die Westfassade der Klosterkirche gilt als Meisterwerk der märkischen Backsteingotik und wurde architektonisches Vorbild für zahlreiche andere Kirchen. Die Zisterzienser betätigten sich nicht nur als Künstler am Bau, sondern machten durch Trockenlegung des sumpfigen Gebietes um Chorin, durch Rodung der Wälder, durch Anlegen von Kanälen und Seen diesen Landstrich bewohnbar. Die rührigen Mönche legten Äcker und Weinhänge an, betrieben Fisch- und Viehzucht und brauten sogar Bier. Im 15. Jahrhundert gehörten ihnen schon viele weitere Dörfer, Seen, Mühlen und Weinhänge. Das Kloster von Chorin ist ein eindrucksvolles Beispiel für die Bedeutung der mittelalterlichen Klöster auf allen Gebieten der Künste.

Verläßt man die Uckermark nach Süden, lädt der Barnim, die Perle im Diadem Brandenburgs, zum Verweilen ein. Landschaftlichen Reiz strahlt vor allem die Märkische Schweiz aus mit ihren Tälern und Höhen (wenn man das bei höchsten 180 Metern sagen darf) und jeder Menge kleiner und größerer Seen. Auch hier sind weite Teile zu Naturschutzgebieten erklärt worden, was zu einer einzigartigen Tier- und Pflanzenwelt geführt hat: Orchideen, Sonnentau und Wollgras finden sich oft und zahlreiche Fischreiher und Kraniche leben mit Sumpfschildkröten und Bibern in völliger Eintracht. Der architektonisch oder technisch interessierte Wanderer hat die Wahl zwischen einer ganzen Reihe von Ausflugszielen. In Neuhardenberg locken Bauten des berühmten Schinkel und der weltweit bekannte Lennépark, in Niederfinow garantiert das Schiffshebewerk, der wohl größte Schiffsfahrstuhl der Welt, ungläubiges Staunen. Literatur-Fans besuchen natürlich Bertolt Brechts Wohnhaus in Buckow und die Gerhart Hauptmann-Gedenkstätte in Erkner, kurz vor den Toren Berlins. Bernau ist einen Ausflug wert; hier wurde noch vor zweihundert Jahren ein weit über die Grenzen hinaus bekanntes Bier gebraut.
Von kulinarischer Bedeutung

Die Westfassade der Klosterkirche von Chorin gilt als Schaustück der märkischen Backsteingotik. Die Zisterzienser haben nicht nur Architektur, sondern auch Brau- und Kochkunst bereichert. Das Kloster war einmal eines der reichsten ganz Norddeutschlands.

Wo das Sumpfland noch nicht trockengelegt wurde, finden Vögel ein willkommenes Rückzugsgebiet.

erweist sich der Schafskäse aus Schönfeld, der, mit einer herzhaften Kräutermischung gewürzt, förmlich auf der Zunge zergeht. Auch Schafsmilchjoghurt haben wir probiert, mit einem guten Löffel Barnimer Honig verrührt, ein delikates Gaumenvergnügen. Überhaupt haben die Barnimer mit Schafen seit alters her viel im Sinn. Heute werden verschiedene Rassen gezüchtet, natürlich auch für die Küche. Gourmets aus Berlin schwören darauf, daß es in ganz Brandenburg, was heißt Brandenburg, in ganz Deutschland keine zarteren Lammhaxen und Hammelbraten gibt als im Barnim. In der Oranienburger Schloßfabrik übrigens entdeckte der berühmte Chemiker Professor Runge das Koffein.

Friedrich der Große war, so haben wir es alle in der Schule gelernt, einer der bedeutendsten Raufbolde innerhalb der Dynastie derer von Hohenzollern. Nicht nur, daß er mit seinem Krückstock Soldaten und Bürger, Bauern und sogar ausländische Diplomaten bedrohte und meist auch verprügelte, er führte auch einen Krieg nach dem anderen. Nicht alle gingen glücklich für ihn und Preußen aus. Einen Krieg allerdings hat er erfolgreich geführt, ohne daß auch nur ein Schuß abgegeben werden mußte, den Krieg gegen die Wassergötter der Oder. Er selbst nannte es seine „im Frieden eroberte Provinz“, was heute Oderbruch heißt. Es ist der östliche Teil des Oder- und Dahmelandes, direkt an der Grenze zu Polen. Derzeit umfaßt das Gebiet etwa siebzigtausend Hektar, was um 1730 noch ein riesiges Sumpfgebiet war und nur wenige kleine Dörfer aufwies, die von Nachfahren der Sorben bewohnt waren und hauptsächlich vom Fisch- und Krebsfang lebten. Doch auch die auf den höhergelegenen Stellen gebauten Lehmhäuser wurden mehrere Male im Jahr überschwemmt. Bis der Alte Fritz den königlichen Baumeister Haerlem beauftragte, den Oderbruch zu entwässern und fruchtbares Ackerland daraus zu machen. Mit siebenhundert Arbeitern ging er ans Werk, schüttete Wasserarme zu, baute Deiche und erhöhte vorhandene Wälle: Die Oder erhielt ein völlig neu gegrabenes Bett. Es dauerte keine zehn Jahre, bis mehr als vierzig neue Dörfer entstanden und Siedler aus allen deutschen Landen dort heimisch geworden waren. Heute sind Jagd, Fischfang und

Federviehhaltung wichtige Erwerbszweige im Oderbruch. Auf dem überaus fruchtbaren Boden wachsen Zuckerrüben, Getreide und Gemüse, immer wieder Gemüse. Weite Felder sind den Kartoffeln vorbehalten, die in hochwertigen Qualitäten, vor allem um Mittenwald, geerntet werden. Im letzten Krieg wurde die ganze Gegend bei schweren Kämpfen unglaublich verwüstet. Spuren davon sind keine mehr zu sehen. Aber die Oderbrucher sind Grenzlandbewohner geworden. Sie sind schweigsamer als früher, das Wort Grenze ist selten zu hören. Sie reden von „drüben“ und schauen über die Oder. Das Federvieh aber ist noch immer so beliebt wie vor Jahrzehnten. Vor allem die Berliner, für die bekanntlich „eene jut jebratne Jans eene jute Jabe Jottes“ ist, suchen mit Kennerblick eine Oderbrucher Fettgans, wie es ihre Mütter und Großmütter taten, für die selbst die Federn fürs kuschelige Bett von dort kommen mußten. Inserierten die Lieferanten doch in den Berliner Zeitungen: „Allerfeinste Gänsefedern. Direkt aus dem Oderbruch, daher besonders preiswert.“
Wie urig, bodenständig die Menschen hier zu essen pflegen, läßt sich aus vielen kleinen Hinweisen ablesen. Am Rathaus von Frankfurt/Oder, der größten Stadt der Region, zeigt der Giebel einen goldenen Hering und das

Heute grasen im Oderbruch, wo sich um 1730 vor der Trockenlegung noch riesige Sümpfe breitmachten, wohlgenährte Rinder auf fruchtbaren Wiesen.

Nächste Doppelseite: Die Uckermark aus der Luft: Getreidefelder, dazwischen Streusiedlungen, kleine Wäldchen.

Mit havelländischem Obst geht der Streifzug durch Berlin und Brandenburg zu Ende ...

gotische Rippengewölbe des Ratskellers ist mit einem Kassler Rippenspeer verziert. Hier findet auch alljährlich eine „Knoblauchparty“ statt.

Eine reichlich unkulinarische Gegend in diesem Teil Brandenburgs ist die Region um Eisenhüttenstadt. Und so muß wohl der Geist des großen Lukull ein Einsehen gehabt haben (wenn auch spät!), daß er gerade hier die Genuß-Wüste mit einem köstlichen Ausrufungszeichen belohnte. Durch puren Zufall sind wir auf eine Sensation gestoßen, die Ihnen nicht vorenthalten werden soll. Die Schinkentüftler der Fürstenberger Fleischwaren GmbH in Eisenhüttenstadt haben nämlich einen tollen Coup gelandet, der die Parmalobby in Italien ganz schön ins Schwitzen bringen wird. Unter dem Produktnamen „Montadu“ werden von den Fürstenbergern einige Schinkenspezialitäten hergestellt, die mit den weltbesten anderen Schinken durchaus gleichauf liegen, obwohl sie – jetzt kommt der Hammer! – gesünder und viel kostengünstiger sind. Das Herstellungsverfahren ist patentiert, weil schon mächtig revolutionierend: Das ausgesuchte Fleisch wird in einer Lake aus gärfähigem Wein, Kräutern und etwas Meersalz eingelegt, wobei alle in der Lake enthaltenen Substanzen wie Mineralstoffe, essentielle Säuren und ätherische Öle beim Gärvorgang vom Fleisch aufgenommen werden. So wird es gleichzeitig aromatisiert und konserviert.

Entweder durch Lufttrocknen oder Räuchern entsteht dann der schnittfeste, aromatische und höchst wohlschmeckende Schinken. Im Gegensatz etwa zu Parmaschinken, der bis zu acht Monaten in der Luft trocknet, braucht Montadu nur sechs bis acht Wochen, was sich im Preis natürlich niederschlägt. Und dieser Eisenhüttenstädter Schinken wird ohne Nitrat, Nitrit und andere Chemikalien hergestellt. Wir haben fünf Sorten gekostet – einzigartig!

Mit dieser kulinarischen Überraschung geht der Streifzug durch Berlin und Brandenburg zu Ende. Es ist zu hoffen, daß dieses Buch mit seinen authentischen Rezepten dazu beitragen wird, daß die Kochkunst der Großmütter und Großväter nicht in Vergangenheit gerät und auch im Zeitalter der Fast-Food-Ketten die ihr zustehenden Kenner und Liebhaber findet.

... die Fischer am Oderhaff nehmen schon ihren Fang aus, damit die Marktfrauen in Berlin und anderswo die heimischen Produkte mundgerecht anbieten können.

VORSPEISEN, SUPPEN UND EINTÖPFE

Cottbuser Hühnchen-Soufflé

1 gekochtes oder gebratenes Huhn (600–800 g)
40 g Butter
40 g Mehl
½ Liter Hühnerbrühe
¼ Liter süße Sahne
Salz
6 Eier
1 EL geriebener Parmesan
Butter für die Förmchen
1 Bund Petersilie

Tip:
Es gibt viele Gründe, warum ein Soufflé zusammenfallen kann, der häufigste ist ein kühler Luftzug, wenn es gerade aus dem Ofen kommt. Dann ist nicht Verzagen angesagt, denn diese Soufflés schmecken auch eingestürzt vorzüglich.

Das gekochte oder gebratene Huhn enthäuten, das Fleisch von den Knochen lösen und sehr fein schneiden. Die Butter erhitzen, das Mehl darin verrühren und vom Herd nehmen. Die Hühnerbrühe und die süße Sahne dazugeben, mit Salz würzen und diese Creme bei mittlerer Hitze so lange mit dem Schneebesen schlagen, bis sie glatt und dick ist. Die Eier trennen und die Eigelbe langsam unter die Creme rühren, den Parmesankäse dazugeben und das Hühnerfleisch hinzufügen, vorsichtig aber gründlich umrühren, etwa 5 Minuten durchziehen lassen und kalt stellen. Die Eiweiße steif schlagen und unter die erkaltete Creme ziehen. Kleine Soufflëförmchen buttern und mit der Creme bis 1 cm unter den Rand füllen, auf einem Blech in den auf etwa 120 °C vorgeheizten Backofen schieben und so lange drin lassen, bis die Soufflés hoch aufgegangen und braun sind. Das dauert etwa 30 Minuten. Mit frischer abgezupfter Petersilie garniert sofort servieren.

Cottbus war bis in die dreißiger Jahre ein bedeutender Handelsplatz und Brandenburgs Zentrum für Tuchfabriken und Leinewebereien. Daneben war die Hut- und Zylinderherstellung ebenso wichtig wie die Produktion von feinen Schokoladenerzeugnissen. Gerade von den Hutmachern erzählt man, daß sie ausgesprochene Feinschmecker sein sollen, wodurch so manches gute Rezept nach Cottbus kam und dort heimisch wurde.

Havelländer Krebssuppe

24 Flußkrebse
1 1/4 Liter Hühnerbrühe
1 TL Kümmel
1 Stengel Dill
1 Scheibe altes Weißbrot
1 Bund Suppengrün
80 g Butter
1 TL Tomatenmark
1/2 TL Paprikapulver (rosenscharf)
1 EL Weizenmehl
2 hartgekochte Eier
1/4 Liter saure Sahne
Salz
Pfeffer
2 EL Cognac

Für die Füllung:
50 g Butter
1 Ei
80 g Grieß
Salz
Muskat

Die gut gesäuberten Krebse in der Hühnerbrühe mit dem Kümmel und dem abgezupften Dill etwa 5 Minuten kochen. Krebse herausnehmen und Scheren und Schwänze der Krebse ausbrechen, die Därme herausziehen und aus den Nasen den sehr bitteren Inhalt entfernen. 12 Krebse zum späteren Füllen beiseite stellen. Die anderen Krebsschalen in einem Mörser sehr fein zerstoßen, in den Sud zurückgeben und mit der Scheibe Weißbrot etwa 20 Minuten bei mittlerer Hitze köcheln lassen. Suppengrün putzen, waschen und kleinschneiden. Etwa 4 Eßlöffel Suppengrün in der Hälfte der Butter anschwitzen, das Tomatenmark und das Paprikapulver hinzufügen, eine Minute weiterdünsten lassen und das Mehl darüberstäuben. Die durch ein Sieb passierte Krebsbrühe aufgießen, gut durchrühren und etwa 10 bis 15 Minuten kochen lassen.
Von den hartgekochten Eiern die Dotter durch ein Haarsieb drücken, mit der sauren Sahne vermischen, zu der Suppe geben und sofort vom Herd nehmen.
Mit Salz und Pfeffer würzen und mit dem Cognac abschmecken.
Zum Schluß den Rest Butter unterrühren.

Für die Füllung: Die schaumig gerührte Butter mit dem Ei und dem Grieß vermischen. Mit Salz und frisch geriebenem Muskat würzen und die 12 Krebsnasen damit füllen. In Salzwasser vorsichtig etwa 10 Minuten sieden lassen und die Nasen längs halbiert in die Suppe geben. Das ausgebrochene Krebsfleisch aus Scheren und Schwänzen ebenfalls einlegen.

Berlin und Brandenburg galten bis etwa 1930 als die krebsreichsten Gebiete des Reiches. Heute werden zumeist französische und türkische Krebse angeboten. Doch in der wieder sauberen Havel nehmen die Krebse erfreulicherweise zu.

Märkischer Hühnereintopf

1 Poularde von etwa 1,5 kg
100 g Stangensellerie
2 Möhren
2 mittelgroße Zwiebeln
250 g Spargel
2 feste Tomaten
3 EL Distelöl
1 Lorbeerblatt
1 Zweig Thymian
8–10 Pfefferkörner
Salz
Pfeffer
Saft von 1 Zitrone

Tip:
Zu diesem Eintopf gehört unbedingt ein kräftiges, würziges Brandenburger Bier.

Die Poularde längs halbieren, waschen und trockentupfen. Keulen und Flügel abtrennen. Das Brustfleisch auslösen. Das Knochengerüst und die Keulen noch einmal halbieren. Den Sellerie waschen und in etwa 5 mm dicke Stücke schneiden. Möhren und Zwiebeln schälen und würfeln. Den Spargel schälen und in 2 cm lange Stücke schneiden. Die Tomaten kurz in kochendes Wasser tauchen, unter kaltem Wasser abschrecken und die Haut ablösen, quer zerschneiden und die Kerne vorsichtig entfernen. Die Tomaten in Würfel schneiden.
In dem erhitzten Distelöl die Zwiebeln andünsten, bis sie glasig sind. Poulardenflügel, Keulen und Knochen mit dem Lorbeerblatt, dem Thymian und den zerdrückten Pfefferkörnern zu den Zwiebeln in den Topf geben und mit 1,5 Liter Wasser auffüllen. Einmal aufkochen und etwa 30 Minuten bei kleiner Hitze ziehen lassen. Flügel, Knochen, Lorbeerblatt und Thymianstengel herausnehmen. Sellerie, Möhren und Spargel in die Brühe geben, nach Belieben salzen und 10 bis 15 Minuten leise köcheln lassen.
Das Brustfleisch in den Eintopf geben und noch etwa 10 Minuten ziehen lassen. Dann die Bruststücke herausnehmen und in Scheiben schneiden. Den Eintopf mit Salz, Pfeffer und Zitronensaft abschmecken. Gemüse, Keulen und Brustscheiben sowie die Tomatenstücke auf Suppentellern anrichten und den heißen Sud darübergießen.

Neue Wege aus der Hühner-Misere versuchen nun Landwirte mit dem Ucker-Markenhuhn zu gehen, das laut Steckbrief, der jedem geschlachteten Exemplar beigefügt ist „einer besonderen Mastrasse entstammt und 120 Tage Sonne, Wind und Regen im Grünen erlebt hat. Es ist nur mit Getreide und Milch gemästet, ist Fuchs, Habicht und Raubzeug entkommen und von Landfrauen fachgerecht geschlachtet worden ...“ Endlich besinnen sich die ostdeutschen Landwirte auf die Qualitäten, die in dem Federvieh schon immer steckten. Das Huhn aus der Uckermark läßt hoffen. Vielleicht wird es einmal eine echte Konkurrenz zum vielgerühmten französischen Huhn aus der Bresse.

Distel Oel
Kalt gepreßt
0,25 l

Berliner Löffelerbsen mit Schweinsfüsschen

200 g gelbe ungeschälte Erbsen
4 Schweinsfüßchen
1 Möhre
2 mittelgroße Zwiebeln
½ kleine Sellerieknolle
1 Lorbeerblatt
Salz
Pfeffer
1 EL Majoran

Tip:
Die berühmten Berliner Löffelerbsen können auch mit Schweinsohren und Schweineschnauze, beides gepökelt, zubereitet werden. Deshalb auch nur vorsichtig salzen, denn das gepökelte Fleisch ist ja bereits salzig.

Die Erbsen verlesen, gut waschen und 6 bis 7 Stunden in 1½ Liter kaltem Wasser einweichen. Die Schweinsfüßchen gut waschen. Die Möhre, die Zwiebeln und den Sellerie putzen und in kleine Würfel schneiden. Die Schweinsfüßchen und das Gemüse zu den Erbsen in das Einweichwasser geben. Das Lorbeerblatt hinzufügen und mit wenig Salz und Pfeffer würzen. Das Ganze so lange kochen, bis die Erbsen weich, jedoch nicht zerkocht sind. Das dauert je nach Alter der Erbsen 1 bis 2 Stunden. Bei Bedarf noch etwas Wasser zugießen. Die Schweinsfüßchen herausnehmen, das Fleisch von den Knochen ablösen, in kleine Stückchen schneiden und wieder in die Suppe geben. Kurz vor dem Servieren den Majoran unterrühren und mit Salz und Pfeffer würzen.

Die Berliner Löffelerbsen waren für eine ganze Generation von Studenten oft die einzige Ernährung. Denn die Brüder Aschinger – sie kamen 1892 nach Berlin – gründeten eine Kette von Restaurants und „Bierquellen“, wo sehr gutes und sehr preiswertes Essen angeboten wurde. So auch Löffelerbsen, zu denen die Herren Studiosi so viele Schrippen verzehren konnten, wie sie wollten. Natürlich ohne Bezahlung. 1928 etwa produzierten die Aschingers einhundertvierzigtausend Schrippen pro Tag, die im wahrsten Sinne des Wortes weggingen wie die warmen Semmeln.

STADTPLAN BERLIN
english text
texte en français

Brandenburger Haferklösschen-Suppe

Für die Haferklößchen:
2 EL Butter
200 ml Gemüsebrühe
100 g Haferschrot
1 Ei
1 Bund feingehackte Petersilie
Salz
Pfeffer
Muskat

Für die Suppe:
1 mittelgroße Zwiebel
1 Möhre
1 Stange Lauch
1 EL Butterschmalz
1/4 Liter Milch
1/2 Liter Gemüsebrühe
Salz
Pfeffer
2 Kästchen Kresse
1/8 Liter süße Sahne

Für die Haferklößchen: Die Butter mit der Gemüsebrühe erhitzen und aufkochen lassen, den Haferschrot unterrühren. Etwa 1 Minute unter Rühren kochen lassen. Das Ei verquirlen und mit der Petersilie unter die Hafermasse rühren. Mit Salz, Pfeffer und frisch geriebenem Muskat abschmecken. Mit einem Teelöffel kleine Klößchen abstechen und in ausreichend heißem Salzwasser bei kleiner Hitze garziehen lassen. Sobald die Klößchen an die Oberfläche steigen, sind sie gar. Klößchen herausnehmen und warmstellen.
Für die Suppe: Die Zwiebel schälen und würfeln, die Möhre putzen und in dünne Scheiben schneiden, den Lauch abziehen und in Ringe zerteilen. Das zerkleinerte Gemüse in dem zerlassenen Butterschmalz unter Rühren etwa 2 Minuten anbraten. Mit der Milch und der Gemüsebrühe ablöschen und das Ganze etwa 15 Minuten köcheln lassen. Vom Herd nehmen, mit Salz und Pfeffer würzen und die kleingeschnittene Kresse in die Brühe geben, etwas von der Kresse für die Garnitur zurückbehalten. Die Suppe mit dem Handmixer gut pürieren, nochmals abschmecken und bei Bedarf nachwürzen. Die halbsteif geschlagene Sahne unter die Suppe ziehen. Die Klößchen einlegen und mit der restlichen Kresse garnieren.

Getreide war einst neben Kartoffeln das Grundnahrungsmittel, in Form von Haferklößchen ist das Korn allerdings schon stark verfeinert worden. Diese ungewöhnliche Suppe wird Sie vom kulinarischen Wert und der Schmackhaftigkeit dieses fast in Vergessenheit geratenen Korns überzeugen.

Lübbener Gurkensuppe mit Pökelrippchen

1 kg gepökelte Schweinerippchen
6 mittelgroße Zwiebeln
2 Lorbeerblätter
10 Pfefferkörner
80 g Butterschmalz
1 EL Zucker
3 mittelgroße grüne Gurken
Pfeffer
1 EL Weizenmehl
¾ Liter Milch
Salz
200 g Weißbrot
2 EL Butter
1 Bund Petersilie

Die Rippchen gründlich waschen. Zwei Zwiebeln schälen und in nicht zu dünne Scheiben schneiden. Rippchen und Zwiebelscheibchen mit Lorbeerblättern und Pfefferkörnern in einem Topf mit reichlich Wasser kochen, bis die Rippchen gar sind. Das dauert etwa 20 Minuten.
Die übrigen Zwiebeln schälen und in Scheiben schneiden. In einem Schmortopf in 40 g Butterschmalz anbraten, mit dem Zucker bestreuen und auf kleiner Flamme so lange weiterbraten, bis sie leicht gebräunt sind.
Die Gurken schälen, längs halbieren und mit einem Löffel von den Kernen befreien. Die Gurken in etwa 3 cm lange, nicht zu dünne Streifen schneiden, in 40 g Butterschmalz kurz anschwitzen lassen. Mit Pfeffer würzen und mit dem Weizenmehl bestäuben, 5 Minuten durchdünsten lassen.
Die heiße Rippchenbrühe durch ein Sieb gießen, etwa 2 Tassen davon zu den Gurken geben und alles kurz aufkochen lassen. Die Milch ebenfalls hinzufügen, erhitzen und mit Salz abschmecken.
Das Rippchenfleisch von den Knochen lösen, in kleine Würfel schneiden und zur Suppe geben.
Das Weißbrot in Würfel schneiden und in einer Pfanne in der Butter goldbraun anrösten. Zusammen mit den gebräunten Zwiebeln auf der Suppe verteilen und mit frisch gehackter Petersilie überstreuen.

„Wat klärt den Kopp bei Mann und Frau? Saure Jurken aus Lübbenau!“ heißt ein Sprichwort im Spreewald. Gurken gibt es dort in allen denkbaren Zubereitungsarten. Nahezu jede Hausfrau hat ihr ureigenstes Rezept, das sie für kein Geld verraten würde. Es sei denn, eine Tochter heiratet. Vor allem bei den sauer eingelegten Gurken kursieren viele Geheimrezepte. Wichtig ist die richtige Mischung aus Essig, Zucker und Salz, Pfeffer und Zwiebeln, einem halben Dutzend Kräuter und nicht zuletzt Wein- und Kirschblättern, in die die Gurken eingelegt werden.

Kartoffeln für Kaiser und Beamte

KARTOFFELSUPPE À LA KAISER WILHELM
750 g Kartoffeln
½ Knolle Sellerie
2 Möhren
6 mittelgroße Zwiebeln
1 Liter Bouillon (Fleischbrühe)
2 EL Butter
Salz
Pfeffer
Muskat
4 Eigelb
4 EL saure Sahne
feingehackte Petersilie

BEAMTENSTIPPE
150 g magerer Räucherspeck
2 große Zwiebeln
2 EL Butter
1 EL Weizenmehl
¼ Liter Fleischbrühe
⅛ Liter saure Sahne
1 Schuß Weinessig oder nach Belieben mehr
Salz
Pfeffer
Muskat
½ Bund kleingeschnittener Schnittlauch

KARTOFFELSUPPE À LA KAISER WILHELM (oben)
Die Kartoffeln schälen und in Stücke schneiden. Den Sellerie, die Möhren und 4 Zwiebeln putzen und kleinschneiden. Gemüse in der Bouillon zum Kochen bringen und in 20 Minuten weich kochen. Das Ganze durch ein Haarsieb drücken oder mit einem Pürierstab zerkleinern. Einen Eßlöffel Butter hineingeben und schmelzen lassen. Mit Salz und Pfeffer würzen und eine Prise frisch geriebenen Muskat dazugeben. Die Eigelbe verquirlen und unter die Suppe ziehen, sofort von der Kochstelle nehmen. Mit der sauren Sahne verfeinern. Die restlichen Zwiebeln sehr fein würfeln, in der restlichen Butter goldbraun rösten und mit der kleingehackten Petersilie auf die Suppe geben.

Kaiser Wilhelm Zwo schätzte die Kartoffelsuppe sehr. Sie mußte jedoch, so berichtete sein letzter Leibkoch, „recht bürgerlich" zubereitet sein. Der Imperator liebte vorzugsweise fein geschnittene Rinderbrust als Einlage, was sich der kleine Mann zumeist verkneifen mußte.

BEAMTENSTIPPE (unten)
Den Speck und die geschälten Zwiebeln klein würfeln, in der Butter anbraten und mit dem Weizenmehl unter ständigem Rühren eine goldbraune Schwitze zubereiten. Die Fleischbrühe und die saure Sahne unter Rühren dazugießen und etwa 10 Minuten kochen lassen. Mit dem Essig, Salz, Pfeffer und frisch geriebenem Muskat würzen und mit Schnittlauch bestreuen.

Zu dieser würzigen Sauce gibt es im Brandenburgischen traditionsgemäß Quetschkartoffeln, die mit heißer Buttermilch und einem kräftigen Spieß Butter verfeinert werden. Kommt das Monatsende in Sicht, wird dieses Gericht nicht nur in Beamtenhaushalten zubereitet.

Ruppiner Bohneneintopf mit Lammkeule

1 Lammkeule ohne Knochen von 1,2 kg (gepökelt und gekocht)
350 g festkochende Kartoffeln
1 Zwiebel
250 g dicke Bohnen
300 g grüne Bohnen
2 EL Olivenöl
1 EL Rotweinessig
3/4 Liter Fleischbrühe
1 Knoblauchzehe
Salz
Pfeffer
1 Bund Bohnenkraut

Die Lammkeule abwaschen und trockentupfen. Die Kartoffeln schälen und in Würfel schneiden. Die Zwiebel schälen, in dicke Scheiben schneiden. Die dicken Bohnen auspalen und die grünen putzen, waschen und in Stücke schneiden. Das Olivenöl erhitzen und die Zwiebel darin glasig dünsten. Die beiden Bohnensorten dazugeben, kurz andünsten. Mit dem Rotweinessig ablöschen und mit der Fleischbrühe aufgießen. Das Ganze etwa 45 Minuten sanft kochen lassen.
Die Knoblauchzehe schälen, feinhacken und mit der Lammkeule und den Kartoffelwürfeln zu den Bohnen geben. Nach Bedarf noch etwas Fleischbrühe zugießen. Etwa 20 Minuten zugedeckt bei milder Hitze garen lassen. Mit Salz und Pfeffer würzen. Das abgezupfte Bohnenkraut dazugeben. Die Lammkeule herausnehmen, in mundgerechte Stücke schneiden und wieder in den Eintopf geben. Sehr heiß servieren.

Im Ruppiner Land gelten die Lämmer als besonders delikat, was auf das Grünfutter zurückgeführt wird, das dort auf einem ausgezeichneten sandigen Boden wächst. Auch hält sich seit alters her die Ansicht, Bohnenkraut könne müde Männer munter machen, was neben der Würzkraft ein willkommener Nebeneffekt wäre – würde es denn zutreffen.

GESUNDES AUS DER BRAUNEN KNOLLE

WEISSENSEER BOUILLON-KARTOFFELN
1 kg festkochende Kartoffeln
2 Möhren
½ Sellerieknolle
3 Stangen Lauch
1 Petersilienwurzel
1 Liter Fleischbrühe
Salz
Pfeffer aus der Mühle
Muskat
1 Bund feingehackte Petersilie

POTSDAMER KARTOFFEL-QUARK-AUFLAUF
800 g mehligkochende Kartoffeln
3 Äpfel (Boskop)
1 EL Butter
Salz
schwarzer Pfeffer
Muskat
½ Liter süße Sahne
250 g Quark (20 Prozent Fett)
100 g Emmentaler Käse
3 Bund Schnittlauch
5 EL Apfelessig
1 TL scharfer Senf
4 EL Walnußöl

WEISSENSEER BOUILLON-KARTOFFELN (oben)
Die Kartoffeln schälen, waschen und in nicht zu kleine Würfel schneiden. Das Gemüse putzen, waschen und kleinschneiden. Fleischbrühe zum Kochen bringen, Kartoffeln und Gemüse in etwa 20 Minuten darin auf kleiner Flamme gar kochen. Mit Salz, frisch gemahlenem Pfeffer und einem Hauch Muskat abschmecken. Mit Petersilie bestreuen.

Weißensee war bis Anfang der zwanziger Jahre dieses Jahrhunderts ein Dorf vor den Toren Berlins, ehe es zur Hauptstadt kam. Schon vorher jedoch erstreckten sich die Mietskasernen bis dahin, was diesen Stadtteil zum ausgesprochenen Arbeiterviertel machte, in dem sich später viel Industrie ansiedelte. Arme Berliner aber waren von jeher einfallsreich, auch – oder besonders – in der Küche. Diese Weißenseer Bouillon-Kartoffeln lassen sich leicht mit kleingeschnittenem Rindfleisch verfeinern. Doch dafür war früher zumeist der Geldbeutel zu schlaff.

POTSDAMER KARTOFFEL-QUARK-AUFLAUF (unten)
Die Kartoffeln schälen, waschen und in dünne Scheiben schneiden. Die Äpfel schälen, das Kerngehäuse entfernen und ebenfalls in dünne Scheiben schneiden.
Eine Auflaufform mit Butter einfetten. Abwechselnd Kartoffel- und Apfelscheiben wie Dachziegel halb übereinanderlappend hineinlegen. Jede Lage mit Salz, schwarzem Pfeffer aus der Mühle und frisch geriebenem Muskat reichlich würzen.
Die Sahne mit dem Quark und etwa der Hälfte des frisch geriebenen Emmentalers gut vermischen und gleichmäßig auf den Kartoffel- und Apfelscheiben verteilen. Den Rest des geriebenen Emmentalers darüberstreuen.
Die Form in den auf 180 °C vorgeheizten Backofen schieben und etwa 80 Minuten garen. Hat sich an der Oberfläche eine braune Kruste gebildet, ist der Auflauf fertig.
In der Zwischenzeit den Schnittlauch waschen und in feine Röllchen schneiden. In dem Apfelessig den Senf und das Walnußöl verrühren, nach Bedarf mit Salz und Pfeffer würzen, den Schnittlauch hineingeben und das Ganze über den Auflauf gießen.

Schwarze Besingsuppe

1 kg Besinge (Heidelbeeren)
1/8 Liter Weißwein
1/8 Liter Johannisbeersaft
4 EL Zucker
1 TL Zimt
1 unbehandelte Zitrone
1 saurer Apfel
40 g zerstoßene süße Mandeln
Salz
4 Zwiebäcke

Die Besinge sauber verlesen und waschen. 4 Eßlöffel für die Einlage beiseite stellen. Mit dem Weißwein, dem Johannisbeersaft und 1/2 Liter Wasser etwa 10 Minuten kochen lassen.
Mit Zucker, Zimt, der Hälfte der abgeriebenen Zitronenschale und 2 Eßlöffel Zitronensaft abschmecken und durch ein Haarsieb streichen. Den Apfel schälen, vierteln, das Kerngehäuse entfernen, in kleine Scheibchen schneiden und mit den zerstoßenen Mandeln in die Suppe geben. Umrühren und nach Belieben mit einer Prise Salz nachwürzen. Etwa noch 5 Minuten köcheln lassen.
Mit jeweils einem Zwieback und 1 Eßlöffel Besinge als Einlage in vorgewärmten Suppentellern servieren.

Die vielen Wälder in Brandenburg bieten eine Fülle von Waldfrüchten. Wie der aus dem Niederdeutschen stammende Begriff „Besing" für Heidel-, Blau- oder Bickbeere nach Berlin kam und sich festsetzte, können auch die Dialektforscher nicht erklären. Denn im Nordwesten Brandenburgs, im Ruppiner Land und in der Prignitz, wo zum Teil noch Platt gesprochen wird, ist die Bezeichnung „Besing" (von „bes" = Beere) weitgehend unbekannt. Gerade dort aber, in den weitläufigen Buchen- und Mischwäldern, gedeihen die Besinge besonders reich.

alc.4,8%vol.

Fisch

Havelzander à la Papa Zille

1,5 kg ausgenommener Zander mit Gräte
Saft von 1 Zitrone
2 EL Weizenmehl
40 g Butterschmalz
50 g Butter
1 Bund Petersilie

Den Zander sauber putzen und waschen und in gut fingerdicke Scheiben schneiden. Mit Zitronensaft beträufeln, mit Mehl bestäuben und in heißem Butterschmalz auf beiden Seiten je etwa 6 Minuten schön braun braten. Auf einer vorgewärmten Platte anrichten, mit der schäumend ausgelassenen Butter übergießen und der frisch gehackten Petersilie garnieren. Sehr heiß servieren. Mit Kartoffelsalat (statt Mayonnaise zerlassenen Speck nehmen) und gemischtem grünen Salat servieren.

In der Nacheiszeit war der Zander über die Elbe in die Havel und ihre vielen Seen gezogen. Bis etwa 1960 erfreute er sich allergrößter Beliebtheit, denn der spezielle feine Sand auf dem Havelgrund war Lebensraum für viele Kleintiere, die dem Zander als Nahrung dienen und mitverantwortlich sind für den feinen, aromatischen Geschmack des Fisches. Ende der 60er Jahre wurde er immer seltener, weil die Gewässer mehr und mehr verschmutzten. Heute gibt es diesen Edelfisch wieder in hervorragender Qualität, denn Fluß und Seen sind weitgehend wieder sauber.
Der weltbekannte Zeichner Heinrich Zille war, wie viele „echte“ Berliner, ein „Außerhalbscher“ – er wurde in Sachsen geboren. Der stets einfach gebliebene Künstler hat in Hunderten seiner Zeichnungen Berliner Typen und Originale festgehalten und sie damit unsterblich gemacht. Zille, selbst ein Berliner Original, wurde von den kleinen Leuten liebevoll „Papa Zille“ genannt und verkehrte viel in Kneipen, am liebsten im „Nußbaum“, wo er Havelzander in der hier beschriebenen Zubereitungsart besonders schätzte.

Variationen mit Aal

AAL GRÜN MIT SAHNE-SAUCE
1 kg Aal (küchenfertig)
1 Petersilienwurzel
2 mittelgroße Zwiebeln
Salz
10 Pfefferkörner
10 Pimentkörner
5 Petersilienstengel
1 EL abgezupfter Dill
1 EL Salbeiblättchen
1 EL gehackter Estragon
Für die Sauce:
50 g Butter
30 g Weizenmehl
1/8 Liter süße Sahne
1 EL abgezupfter Dill
1 EL gehackte Petersilie
Salz
1 EL Zitronensaft

AAL IN WEISSBIER
1,5 kg Flußaal (küchenfertig und enthäutet)
1 Bund Suppengrün
70 g Butter
1 kleine Flasche Weißbier
1 Lorbeerblatt
3 EL feingeriebenes Schwarzbrot
Für die Sauce:
1/8 Liter süße Sahne
Salz
Pfeffer
Saft von 1/2 Zitrone
50 g Butter
1 EL Salbeiblättchen
1 EL abgezupfter Dill

AAL GRÜN MIT SAHNESAUCE (oben)
Den küchenfertigen, abgezogenen Aal waschen und in etwa 3 cm lange Stücke schneiden. Die Petersilienwurzel und die Zwiebeln schälen und kleinschneiden. 1,5 Liter Salzwasser mit der Petersilienwurzel, den Zwiebeln sowie den Pfeffer- und Pimentkörnern und den Kräutern erhitzen und etwa 15 Minuten kochen lassen. Die Aalstücke in den Sud geben und weitere 15 Minuten ziehen lassen. Die Aalstücke aus dem Sud nehmen, abtropfen lassen und warm stellen.
Für die Sauce: Die Butter erhitzen und mit dem Mehl unter Rühren eine helle Schwitze bereiten. Die Hälfte des Suds durch ein Sieb geben und unter Rühren zu der Schwitze gießen, die Sahne hinzufügen und auf 400 bis 500 ml zu einer sämigen Sauce einkochen lassen. Dill und Petersilie darunterrühren, mit Salz würzen und mit dem Zitronensaft abschmecken. Die abgetropften Aalstücke mit der Sauce überziehen und mit Salzkartoffeln servieren. In Berlin und Brandenburg wird dieses Gericht mit frischem Gurkensalat erst vollkommen, zum „Aal jrün mit Jurkensalat".

AAL IN WEISSBIER (unten)
Den Aal sorgfältig waschen, trockentupfen und in etwa 5 bis 6 cm lange Stücke zerteilen. Das Suppengrün putzen und in Würfel schneiden. Die Butter in einem Schmortopf erhitzen, das Suppengrün leicht darin anbraten. Die Aalstücke dazugeben und das Weißbier darübergießen, bis alles gerade damit bedeckt ist. Das Lorbeerblatt sowie das geriebene Schwarzbrot zufügen und etwa 15 Minuten köcheln lassen. Den gegarten Aal herausnehmen und warm stellen.
Für die Sauce: Das Lorbeerblatt entfernen und den Sud auf etwa 1/4 Liter einkochen lassen. Die süße Sahne hinzufügen, erhitzen und mit Salz und reichlich frisch gemahlenem Pfeffer würzen. Mit Zitronensaft abschmecken und die Butter bis auf 1 Teelöffel unterrühren. Salbei und Dill in der restlichen Butter kurz anbraten. Die Sauce mit dem gewürfelten Suppengrün über die Aalstücke gießen und die Salbei-Dill-Mischung darübergeben.
Als Beilage eignen sich Petersilien-Kartoffeln sehr gut und – natürlich – frischer Salat.

Stralauer Fischtopf

800 g Fischfilet
(nach Wahl Karpfen,
Hecht, Zander oder
Barsch)
Saft von 1 Zitrone
Salz
Kümmel
100 g Butter
250 g Hackepeter
(Hackfleisch vom Schwein,
gewürzt mit Salz, Pfeffer
und gehackten Zwiebeln)

Für die Sauce:
2 EL Tomatenmark
1 EL saure Sahne
1 EL gehackte Kapern
1 große feingeriebene
Zwiebel
½ Bund Schnittlauch

Fischfilet in nicht zu kleine Stücke schneiden, mit Zitronensaft beträufeln, salzen, etwas Kümmel dazugeben und in der Hälfte der heißen Butter beidseitig anbraten. In einer anderen Pfanne gleichzeitig die restliche Butter erhitzen und den Hackepeter darin anbraten, bis er hell und krümelig ist. Dann zu den Fischfilets geben und beides zusammen bei kleiner Hitze zugedeckt etwa 10 Minuten garen lassen.
Für die Sauce: Das Tomatenmark mit der sauren Sahne, den gehackten Kapern und der Zwiebel gut vermengen und 10 Minuten ziehen lassen. Die Sauce über das Fisch-Hackepeter-Gemisch geben, mit sehr fein gehacktem Schnittlauch bestreuen. Vor dem Servieren noch einmal kurz erhitzen. Als Beilage schmecken Salzkartoffeln und frische Salate der Saison.

Stralau, eine langgezogene Halbinsel in der Spree zwischen Treptow und Friedrichshain, war seit jeher ein Fischerdörfchen. Schon im Mittelalter wurde alljährlich am Bartholomäustag der erste Fischzug in der Spree und im Rummelsburger See auf der Friedrichshainer Seite der Halbinsel mit einem großen Fest gefeiert. Gleichzeitig veranstalteten die Treptower anläßlich des Stralauer Fischzuges aber stets ein gewaltiges Feuerwerk mit Musik auf ihrer Seite der Spree, um die Gäste über den Fluß zu locken. Lokalpatriotismus führte zu Rivalitäten, die wiederum in fürchterliche Prügeleien zwischen Friedrichshainern und Treptowern eskalierten. Nach einigen Jahren wurde das dem Hohenzollernkönig zuviel und er verbot kurzerhand das Fest. Erst nach 1900 wurde es wiederbelebt, bis es vor dem 2. Weltkrieg ganz verschwand. Heute knüpfen die „Stralauer Festwochen" an diese Tradition an. Fischer gibt es in Stralau immer noch, und ihre Fischrezepte haben einen festen Platz in der Berliner Küche.

Krebse in Dillsauce

24 Flußkrebse
1 Bund Suppengrün
1 große Zwiebel
1 Liter Weißwein
½ Liter Fleischbrühe
2 Bund Dill
Salz
Pfeffer
Kümmel

Für die Sauce:
1 große Zwiebel
75 g Butter
Saft von ½ Zitrone
⅛ Liter saure Sahne
1 Bund feingehackter Dill

Die Krebse gut waschen. Das Suppengrün und die Zwiebel putzen, zerkleinern und in der Mischung aus Weißwein und Fleischbrühe aufkochen lassen. Den Dill von den Stengeln zupfen, in den Sud geben und mit Salz, Pfeffer und Kümmel würzen. Die Krebse in den aufgekochten Sud legen und zugedeckt etwa 12 Minuten ziehen lassen. Die Krebse aus dem Sud nehmen und aufbrechen. Das Krebsfleisch herausnehmen, dabei den fadenförmigen dunklen Darm vorsichtig entfernen.
Für die Sauce: Die Zwiebel schälen, sehr fein würfeln und in der Butter hellbraun anrösten. Mit dem Sud aufgießen, mit Zitronensaft abschmecken und bis auf ½ Liter einkochen lassen. Das Krebsfleisch dazugeben, die saure Sahne unterziehen und nach erneutem Abschmecken und eventuellem Nachwürzen mit Dill bestreuen.
Mit Stangenweißbrot oder wildem Reis servieren. Dazu paßt ein trockener Weißwein.

Das chinesische Teehaus von Sanssouci entstand nach den Plänen von Friedrich dem Großen, die sein Architekt Johann Gottfried Büring dann in die Tat umsetzte. Vergoldeter Sandstein mit teetrinkenden und musizierenden Chinesen im friderizianischen Rokoko legen nahe, daß man am Hofe durchaus zu leben verstand.

Berliner Speckhecht

4 Hechtfilets à 200 g (ohne Haut)
150 g magerer Räucherspeck
Saft von 1/2 Zitrone
Salz
Pfeffer aus der Mühle
2 EL Weizenmehl
80 g Butter

Für die Sauce:
50 g magerer Räucherspeck
1 große Zwiebel
30 g Butter
4 Salbeiblättchen
2 mittelgroße Äpfel
1/4 Liter Fleischbrühe
1/8 Liter süße Sahne

Für den Auflauf:
50 g Butter
1 kg gekochtes Sauerkraut
12 frische Austern
1/8 Liter saure Sahne
2 Eier
1 Bund gehackte Petersilie
2 EL geriebenes Weißbrot
Pfeffer

Die Hechtfilets waschen und gut trockentupfen. Aus dem Speck dünne Streifchen schneiden und die Filets vorsichtig damit spicken, mit Zitronensaft beträufeln, salzen und pfeffern, in Mehl wenden, in heißer Butter von beiden Seiten goldgelb braten und warm stellen.
Für die Sauce: Den Speck und die geschälte Zwiebel in kleine Würfel schneiden, in der Butter in einem kleinen Pfännchen anbraten, die Salbeiblättchen hinzufügen. Die Äpfel schälen, in Scheiben schneiden und zu den Speckzwiebeln geben. Die Fleischbrühe mit der Sahne vermischen, aufgießen und das Ganze etwa 10 Minuten köcheln lassen.
Für den Auflauf: Eine Auflaufform mit wenig flüssiger Butter auspinseln und die Hälfte des Sauerkrauts hineingeben. Die gebratenen Hechtfilets darauflegen und die Sauce vorsichtig darübergießen. Die andere Hälfte des Sauerkrauts über die Filets verteilen. Die sorgfältig gewaschenen Austern vorsichtig öffnen, mögliche Schalensplitter entfernen und das ausgelöste Austernfleisch auf das Sauerkraut legen, leicht eindrücken, die saure Sahne mit den Eiern verrühren und darübergießen. Petersilie und geriebenes Weißbrot darüberstreuen, pfeffern und die restliche Butter in Flöckchen aufsetzen. Im vorgeheizten Backofen bei 200 °C etwa 30 bis 40 Minuten backen. Entweder in der Form servieren oder auf Salatblättern anrichten. Dazu schmeckt am besten Stangenweißbrot.

Ein üppiges Fischgericht mit Sauerkraut und Austern aus einer Zeit, als diese Krustentiere noch nicht zu den absoluten Feinschmeckerleckerbissen gehörten, sondern auch für Otto Normalverbraucher erschwinglich waren.

Hecht in Spreewälder Sauce

Für 6 Personen

Für den Sud:
1 Bund Suppengrün
2 große Zwiebeln
2 Lorbeerblätter
8 Pimentkörner
Salz
weißer Pfeffer
2 kg Hecht
(küchenfertig)

Für die Sauce:
½ Liter Hechtsud
⅛ Liter Buttermilch
⅛ Liter saure Sahne
4–5 EL Weizenmehl
¼ Liter helles Bier
¼ Liter Malzbier
80 g Butter, Salz
Petersilie, Dill

Für den Sud: Das Suppengrün putzen und kleinschneiden. Die Zwiebeln schälen und vierteln. Suppengrün und Zwiebeln mit den Gewürzen in 2 Liter Wasser geben und reichlich 10 Minuten kochen lassen. Den küchenfertig vorbereiteten Hecht in Portionsstücke zerteilen, in den Sud geben und auf kleiner Hitze 10 Minuten garen lassen.
Für die Sauce: ½ Liter Hechtsud abnehmen, darin die Buttermilch und die saure Sahne verrühren und mit Mehl, das in etwas Wasser glattgerührt wurde, binden. Das Bier hinzufügen und alles kurz aufkochen lassen. Die Butter unterrühren und mit Salz abschmecken. Die Hechtstücke auf eine vorgewärmte tiefe Platte oder Schüssel geben, mit der Sauce übergießen und mit abgezupfter Petersilie und Dill bestreuen.

Diese Rezeptur kommt direkt aus dem Herzen des Spreewaldes, aus dem zauberhaften Örtchen Lehde, nur einen halbstündigen Spaziergang entlang der Spreewaldfließe von Lübbenau entfernt. Vom Gasthaus mit dem bezeichnenden Namen „Fröhlicher Hecht“ kann man beim Speisen in Muße die Fährmänner und Fährfrauen beobachten, die mit ihren Kähnen und einem vier Meter langen Ruder durch die Fließe staken. In jeder Saison werden so pro Person runde 1500 Kilometer Strecke mit dem Transport von Personen und Waren bewältigt.

Berliner Bierkarpfen

Für 6 Personen

2 kg Karpfen
Salz
2 mittelgroße Zwiebeln
1 große Möhre
1 unbehandelte Zitrone
1 Gewürznelke
1 Lorbeerblatt
3/4 Liter Braunbier
Pfeffer

Für die Sauce:
150 g geriebener Fischkuchen oder einfacher brauner Lebkuchen
20 g Zucker
1 EL Weinessig
Saft von 1 Zitrone
50 g Butter

Den Karpfen säubern, waschen und entweder der Länge nach aufspalten und in Portionsstücke schneiden oder in dicke Scheiben zerteilen. Leicht salzen und 30 Minuten zugedeckt stehen lassen. Die Zwiebeln und die Möhre putzen und in Scheiben schneiden. Die Zitronenschale dünn abschneiden und mit der Nelke und dem Lorbeerblatt auf den Boden einer Kasserolle legen. Die abgespülten, aber nicht abgetrockneten Karpfenstücke daraufgeben. Das Bier darübergießen und mit Salz und Pfeffer leicht würzen. Zugedeckt etwa 20 Minuten langsam köcheln lassen. Zum Schluß die Karpfenstücke vorsichtig herausnehmen und bis zum Servieren warm stellen.

Für die Sauce: Den Fischkuchen in den Biersud geben, den Zucker separat in einem Topf langsam unter Rühren braun rösten, mit dem Essig ablöschen, ebenfalls in den Sud geben und 1 bis 2 Minuten aufkochen. Mit Zitronensaft abschmecken, die Butter in kleinen Flocken dazugeben und alles durch ein feines Sieb streichen. Die Sauce nun über den Fisch geben. Der Berliner ißt dazu Salzkartoffeln und genießt ein kühles Bier.

Dieses Rezept ist rund 250 Jahre alt und beweist die große Bierliebe der Berliner, die – auch in der Küche – heute noch ungebrochen ist. Schon 1895 gab die „Berliner Weißbier-Brauerei Ed. Gebhardt" eine kleine Werbeschrift heraus, in der mehr als 20 Rezepte mit Bier aufgeführt waren, darunter auch „Karpfen in Weißbier". Statt des genannten Braunbieres wird Berliner Weiße genommen und in die Sauce kommt – wer es denn mag – eine halbe Tasse Holunderbeerenmus zusätzlich.

Niemegker Estragon-Forelle

Das kleine Städtchen Niemegk im Fläming ist seit alters her bekannt für seine Forellen, die früher wild im Flüßchen Plane lebten, heute in Anlagen, durch die die Plane geleitet wird, professionell gezüchtet werden. Als Forellen-Expertin par excellence gilt in Niemegk Renate Böttcher, Wirtin des ältesten Gasthofes weit und breit, der „Forellenklause". Als der „Gasthof zum Löwen", so hieß er ursprünglich, 1550 zum ersten Mal urkundlich erwähnt wurde, sahen die Preise zwar noch anders aus, doch die Forellen waren sicher nicht so vorzüglich wie heute. Täglich lebend aus der unmittelbaren Nachbarschaft geliefert, serviert Frau Renate sie „nur blau oder gebraten, alle anderen Variationen überlassen wir den Hobbyköchen für die heimische Küche."

4 junge Forellen
Saft von 1 Zitrone
Salz
16 Estragonstengelchen
50 g Butter
100 g gehobelte Mandeln

Die Forellen ausnehmen, gut waschen und trockentupfen. Mit dem Saft der Zitrone beträufeln und innen und außen leicht salzen. In jede Forelle vier Stengelchen frischen Estragon legen und den Fisch leicht zudrücken.
Die Forellen in Alu-Folie packen und nach einer Ruhepause von etwa 15 Minuten auf den Grill legen und in 12 bis 15 Minuten garen lassen. Die Butter in einer Pfanne erhitzen und die Mandelblättchen darin leicht braun braten. Die gegarten Forellen aus der Folie nehmen, Butter und Mandelblättchen darübergeben.
Als Beilage empfehlen wir Salzkartoffeln und frischen grünen Salat mit einem leichten Dressing.

Peitzer Karpfenragout

800 g Karpfenfilet
Saft von 1 Zitrone
Salz
Pfeffer
1 Lorbeerblatt
1 Bund Dill
5 mittelgroße Zwiebeln
3 EL Olivenöl
500 g eingelegte Senfgurken
1 EL Mehl
1/8 Liter süße Sahne
6 EL Kefir
nach Belieben frisch geriebener Meerrettich

Die Karpfenfilets in mundgerechte Stücke schneiden, mit dem Zitronensaft beträufeln, salzen, pfeffern und mit dem Lorbeerblatt sowie einem Teil der abgezupften Dillstengel 2 bis 3 Stunden an einem kühlen Ort marinieren. Die Zwiebeln in Ringe schneiden und im heißen Olivenöl glasig anschwitzen. Die Senfgurken würfeln, mit den marinierten Karpfenstücken zu den Zwiebeln geben und etwa 10 bis 15 Minuten dünsten. Das Mehl mit der süßen Sahne und dem Kefir gut verrühren, zu dem Fisch geben und einmal kurz aufkochen lassen. Bei sehr geringer Hitze zugedeckt 10 bis 15 Minuten ziehen lassen, dann in eine Schüssel füllen und den frisch geriebenen Meerrettich sowie ausreichend abgezupften Dill über das Ragout geben. Mit wildem Reis oder Salzkartoffeln servieren.

Seitdem im Mittelalter (1160) Mönche in und um Peitz ablaßbare Teiche zur Fischzucht anlegten, sind Karpfen, vor allem die Peitzer Marmor- und Silberkarpfen, Hechte, Zander und Plötzen aus diesen großen Teichen hochgelobt. Die wissenden Einheimischen bevorzugen die Karpfen aus dem Teufelsteich.

SEIT
ORIGINAL
PREEWÄLDER
enfgurken
pikant

Schleie nach Lehder Art

4 Schleien à 350 g
Salz
Saft von 1/2 Zitrone
1 Möhre
1 kleine Sellerieknolle
1 Stange Lauch
70 g Butter
125 g Champignons
3/4 Liter Weißbier

Für die Sauce:
40 g Butter
20 g Weizenmehl
1/4 Liter süße Sahne
1/4 Liter Weißwein
2 Eigelb
Salz
weißer Pfeffer
Saft von 1/2 Zitrone
Petersilie
Dill

Die Fische ausnehmen, gut waschen, salzen und mit dem Zitronensaft einreiben und kalt stellen.
Das sauber geputzte und kleingeschnittene Gemüse in einem Bräter mit der Butter anschwitzen und die Fische mit dem Bauch nach unten auf das Gemüse legen. Die gesäuberten und gewaschenen Champignons in Scheiben schneiden und auf die Fische geben. Mit dem Weißbier angießen und mit Alufolie abgedeckt für etwa 45 Minuten in der auf 200 °C vorgeheizten Backröhre garen lassen. Nach etwa 20 Minuten die Hitze auf 160 °C verringern. Wenn sich die Schwimmflossen leicht herausziehen lassen, sind die Fische gar. Flossen und Haut abziehen und die Fische auf einer Platte warm stellen.
Für die Sauce: In einer Pfanne aus Butter und Mehl eine Schwitze zubereiten, vom Herd nehmen, die Hälfte der Sahne zugeben und glattrühren. Die Hälfte der im Bräter verbliebenen Sauce mit dem Gemüse und den Champignons zu der Mehlschwitze geben, gut verrühren und etwa 12 Minuten köcheln lassen. Langsam den Weißwein angießen und mit der restlichen Sahne und den verrührten Eigelben binden, vom Herd nehmen. Mit Salz und reichlich weißem Pfeffer aus der Pfeffermühle würzen und mit Zitronensaft abschmecken. Die Sauce mit dem Gemüse und den geschnittenen Champignons über die Fische geben und mit kleingehackter Petersilie und Dill bestreuen. Als Beilage eignet sich Reis oder Kartoffeln und frischer Salat.

Schellfisch à la Gebhardt

4 Schellfischfilets à 250 g
Salz
2 mittelgroße Zwiebeln
1 Liter Weißbier

Für die Sauce:
100 g Butter
4 TL Weizenmehl
6 EL geriebener Parmesan
Salz
Pfeffer

Die Fischfilets waschen und leicht salzen. Die Zwiebeln schälen und in nicht zu dünne Scheiben schneiden. Die Filets in einen Topf legen, mit den Zwiebelscheiben bedecken und das Weißbier langsam zugießen. Bei mittlerer Hitze in 5 Minuten gar kochen. Die Filets aus dem Sud nehmen, auf ein Sieb legen und warm stellen.
Für die Sauce: Die Hälfte der Butter in einer Kasserolle erhitzen und das Mehl sowie den Fischsud darunterrühren. Bei mittlerer Hitze so lange köcheln lassen, bis die Sauce beginnt sämig zu werden. Die Fischfilets in eine gebutterte feuerfeste Form legen, mit je einem Eßlöffel von der Sauce überziehen und die Hälfte des geriebenen Parmesans darüberstreuen. Den Rest der Butter zerlassen und über die Filets träufeln. Die Filets im auf 200 °C vorgeheizten Backofen backen, bis sie hellbraun sind.
Den restlichen Parmesan unter die restliche Sauce ziehen. Die Filets auf einer Platte anrichten und mit der Sauce übergießen. Mit Salzkartoffeln und Salaten der Saison servieren.

Fleisch, Wild und Geflügel

Bulette – Berliner Weltmacht

Für 16 bis 20 Stück

500 g Rindfleisch
500 g Schweinefleisch
2 Schrippen (2 Tage alt)
2 große Zwiebeln
100 g Butterschmalz oder Schmalz
2 Eier
Salz, Pfeffer

Übrigens

Der „Falsche Hase“ und auch Kalbsbrisoletten sind enge Familienangehörige der Bulette, nur Rezeptur und Form sind verändert. Kommen gar noch süße Sahne, Butter und Mehl hinzu, entstehen die in Berlin ebenfalls beliebten Königsberger Klopse, die ein unbekannter Dichter einst so besang:

„Ick sitze da
und esse Klops.
Uff eenmal kloppt's.
Ick kieke, staune,
wundre mir –
uff eenmal jeht se uff,
de Tür.
Nanu denk' ich,
ich denk' nanu,
jetzt isse uff,
erst war se zu?
Ich stehe uff und kieke –
und wer steht draußen? –
Icke!“

Das Fleisch durch die feine Scheibe des Fleischwolfes drehen und gut vermengen. Die Schrippen in kaltem Wasser einweichen und nach etwa 5 Minuten gut ausdrücken. Die Zwiebeln schälen, kleinhacken und in etwas Butterschmalz oder Schmalz glasig andünsten.
Das Fleisch mit den zerbröselten Schrippen und den Zwiebeln gut vermischen, die beiden Eier hinzufügen, das Ganze mit Salz und Pfeffer nach Belieben würzen und alles gut durcharbeiten.
Je nach gewünschter Größe 16 bis 20 abgeflachte Kugeln formen und in Butterschmalz oder Schmalz beidseitig 5 bis 8 Minuten braten. Mit dem Bratfett übergossen servieren.
Sind die Buletten heiß, werden sie vorzugsweise mit Kartoffelsalat oder Salzkartoffeln gegessen. Zumeist aber werden sie lauwarm oder kalt genossen, natürlich mit Mostrich und Knüppel – eine Schrippenart, die schmaler und länger und mit einem Schuß Milch im Teig produziert wird.

Wie schon der Hackepeter beweist auch die Bulette die Berliner Vorliebe für gehacktes Fleisch. Der Einfluß der Hugenotten, die einst der Große Kurfürst nach Berlin und Brandenburg holte, ist unverkennbar, wenn es an die Ursprungssuche der Bulette geht. Die Kugel – französisch „boule“ – war vormals Muster für den Fleischklops, der heute je nach Landschaft Frikadelle, Pflanzerl oder gar „Bremsklotz“ genannt wird. Er unterschied sich von all seinen Verwandten durch eine feine Panierung. Die Kugelform wie die Panierung sind irgendwann auf der Strecke geblieben.
Die Berliner Bulette aber ist immer noch eine Weltmacht, gegen die selbst der mächtige USA-Nachfolger Hamburger in der Hauptstadt ganz schön zu kämpfen hat.
Die Bulette hat seit eh und je ihren Stammplatz in Tausenden von Berliner Kneipen in Glaskästen – genannt „Hungerturm“ – oder großen Bonbongläsern direkt auf der Theke.

Senf

Berliner Eisbein

Eisbein ist wohl das typischste Gericht der Berliner Küche und auch hier geboren, obwohl inzwischen weltweit bekannt und beliebt. Küchenhistoriker haben herausgefunden, daß das Eisbein Anfang 1800 in einer Gaststätte am ehemaligen Görlitzer Bahnhof zur Welt kam. Warum es aber „Eisbein“ heißt, ist eine andere Geschichte, die allen, die es gekocht, gepökelt, gebraten oder gegrillt mögen, unbekannt sein dürfte:
Die Berliner kennen seit mehr als 300 Jahren das Schlittschuhlaufen als äußerst beliebten Freizeitsport, wozu die vielen Seen in und um Berlin reichlich Gelegenheit geben. Ehe nun aber Krupp in Essen um 1840 Stahl industriell und damit bezahlbar herstellte, waren die Kufen der Schlittschuhe nur aus Eisen, hielten somit wenig länger als einen Winter. Da kam ein findiger Kopf auf die Idee, den bekanntermaßen sehr harten und widerstandsfähigen Kniebeinknochen des Schweins zu nehmen und daraus Gleitkufen für Schlittschuhe zu schneiden. Sehr schnell war dann der Name „Eisbein“ in aller Munde.

2 kg gepökeltes Eisbein
5 Pimentkörner
4 Pfefferkörner
3 Lorbeerblätter
½ TL Kümmel
2 mittelgroße Zwiebeln
1 TL Zucker

Servier-Tip:
In Berlin sind Sauerkraut und Erbspüree (Rezept Seite 132) als Beilagen unverzichtbar; Salzkartoffeln „dürfen, müssen aber nicht“ sein. Ein kühles Bier – eene Molle – gehört unbedingt auch dazu.

Das portionierte Eisbein sorgfältig säubern, waschen, gut abtrocknen und zusammen mit den Gewürzen und den Zwiebeln in reichlich Wasser bei mittlerer Hitze etwa 1 Stunde gar kochen lassen. Nach den ersten 20 Minuten den Zucker hinzufügen, er sorgt für einen appetitlichen „Schweinchen-Farbton“.

Berliner Traditionsgerichte

HOPPEL-POPPEL
400 g Fleischreste
(gekocht oder gebraten)
Salz
Pfeffer
Kümmel
2 mittelgroße Zwiebeln
50 g Butterschmalz
750 g Pellkartoffeln
75 g Schweineschmalz
8–10 Eier
Muskat
feingehackte Petersilie

KALBSLEBER BERLINER ART
4 Scheiben Kalbsleber
(je 150 g)
40 g Mehl
50 g Butter
Salz
Pfeffer
4 große Zwiebeln
4 säuerliche Äpfel
(Boskop oder Renette)
feingehackte Petersilie

HOPPEL-POPPEL (oben)
Das in Würfel oder Streifen geschnittene Fleisch mit Salz, Pfeffer und einer Prise Kümmel würzen. Die Zwiebeln schälen und in Scheiben schneiden, zusammen mit dem Fleisch in dem zerlassenen Butterschmalz scharf anbraten.
Die Pellkartoffeln schälen und kleinwürfeln, in einer anderen Pfanne mit Salz, Pfeffer und grob gehacktem Kümmel in heißem Schmalz goldbraun braten. Das Fleisch zu den Bratkartoffeln geben und gut durchrühren.
Die Eier verquirlen, nach Geschmack salzen und mit etwas frisch geriebenem Muskat und der Petersilie würzen und über das Fleisch-Kartoffel-Gemisch in der Pfanne gießen, vorsichtig rühren, bis die Eier stocken.
Sofort heiß servieren.

Dieses für Berlin typische Resteessen kann natürlich auch mit Schnitzelfleisch oder Rinderlende statt mit „Fleischresten" zubereitet werden, „denn isset wat Feinet uff'n Tisch". Der Spree-Athener aber wird es dann aber als „Bauernfrühstück" bezeichnen.

KALBSLEBER BERLINER ART (unten)
Die von Sehnen und Röhren befreiten Leberscheiben unter kaltem Wasser abspülen, trockentupfen und in Mehl wenden.
Butter in einer Pfanne erhitzen und die Leber darin auf beiden Seiten etwa 5 bis 6 Minuten braten, daß sie innen noch rosa ist. Erst dann salzen und nach Belieben pfeffern. In der Zwischenzeit die Zwiebeln schälen, halbieren und in dicke Scheiben schneiden. Äpfel schälen, das Kerngehäuse ausstechen und in etwa 3 mm dicke Ringe schneiden. Die gegarte Leber aus der Pfanne nehmen und warm stellen. Zwiebeln und Äpfel in dem Bratfett der Leber einige Minuten bräunen lassen. Die Leberscheiben auf Tellern oder einer Platte mit den Zwiebelringen und den Apfelscheiben belegen und das Ganze mit dem Bratfett übergießen. Petersilie darüberstreuen. In Berlin ißt man Leber in aller Regel mit Quetschkartoffeln.

Obwohl in den Restaurants der Hauptstadt mehr Zwiebeln als in jeder anderen deutschen Region auf der Leber serviert werden, bestellen viele Spree-Athener eine Extraportion dazu.

Kalbsbrust mit Stachelbeeren

1 kg Kalbsbrust
Salz
Pfeffer
100 g Butter
2 EL Olivenöl
1 große Möhre
1 große Zwiebel
1 Petersilienwurzel
1/4 Liter Weißwein
1/4 Liter Fleischbrühe

Für die Sauce:
1/2 TL Zimt
1 TL abgeriebene unbehandelte Zitronenschale
400 g Stachelbeeren
4 Schalotten
2 EL Zucker
30 g Butter
2 Eigelb
2 EL süße Sahne

Die Kalbsbrust waschen, trockentupfen, mit Salz und Pfeffer einreiben. Die Butter und das Olivenöl in einem Bratentopf erhitzen und die Kalbsbrust darin von allen Seiten gut anbraten.
Möhre, Zwiebel und Petersilienwurzel putzen, waschen, würfeln und mit anbraten. Nach etwa 10 Minuten die Hälfte des Weißweins und der Fleischbrühe zu dem Fleisch geben und im Backofen bei 175 °C etwa 80 bis 90 Minuten schmoren lassen.
Ab und zu das Fleisch mit dem Bratensatz, dem Rest Weißwein und Brühe begießen.
Für die Sauce: Zimt, Zitronenschale und 200 g Stachelbeeren mit in den Bratensaft geben und das Ganze weitere 25 bis 30 Minuten schmoren lassen.
Die Schalotten abziehen und würfeln. Den Zucker in der Butter in einem Topf leicht karamelisieren lassen, die Schalotten hinzufügen und bei ständigem Rühren 5 Minuten anschwitzen.
Den Rest Stachelbeeren dazugeben und weich dünsten.
Das Fleisch aus dem Bratentopf nehmen und warm stellen. Bratenfond mit Gemüse durch ein Haarsieb streichen oder mit dem Mixstab pürieren, mit Salz und Pfeffer abschmecken und in diese Sauce die gedünsteten Stachelbeeren und die Schalotten geben.
Die Eigelbe mit der Sahne gut verrühren und unter die Sauce ziehen. Keinesfalls mehr kochen.
Dazu serviert man Kartoffelmus und einen knackigen gemischten Salat.

Dieses vorzügliche, wenngleich ungewöhnliche Rezept stammt von Auguste Fontane, der Großmutter des Brandenburger Dichters Theodor Fontane, der es nicht genug rühmen konnte. Und weil der Ehemann von Frau Auguste Kabinettssekretär der Königin Luise war, wurde das Gericht auch bald bei „Königs" auf den Speiseplan gesetzt.

Brandenburger Kohlroulade

1 großer Weißkohl oder Wirsing von 1 kg
1 EL Salz
2 Scheiben altes Schwarzbrot

Für die Füllung:
250 g Rinderhack
125 g Schweinehack
2 Scheiben altes Weißbrot
2 TL Salz
2 TL Pfeffer
4 EL Speckwürfel

Für die Sauce:
150 g Speck
¼ Liter Fleischbrühe
250 g geschälte Tomaten
¼ Liter saure Sahne
1 EL Weizenmehl
Salz
Pfeffer
2 EL Paprikapulver edelsüß
6 EL gehackte Petersilie

Den Weißkohlkopf (es kann gern auch Wirsingkohl sein) um den Strunk herum tief einschneiden und mit dem Strunk nach unten in Salzwasser zusammen mit dem Schwarzbrot etwa 25 Minuten kochen lassen. Aus den vorsichtig vom Kohlkopf gelösten Blättern vier „Betten" formen (jeweils 3 bis 4 Blätter).

Für die Füllung: Das Rinder- und Schweinehack vermischen. Das Weißbrot in Wasser einweichen, gut ausdrücken und unter das Hack mengen. Mit Salz und Pfeffer würzen. In einer Pfanne die Speckwürfel auslassen und unter das Hack kneten. Aus der Masse so große Kolben formen, daß sie in die vorbereiteten Kohl-Betten passen. Die Blätter zusammenrollen und mit Garn umwickeln.

Für die Sauce: Den Speck in dünne Scheiben schneiden und in einem breiten Topf anbraten, die Kohlrouladen darauflegen und bei mäßiger Hitze von allen Seiten schön braun braten lassen. Fleischbrühe dazugeben und zugedeckt etwa 25 Minuten schmoren lassen. Nach 20 Minuten die geviertelten Tomaten dazugeben sowie die saure Sahne und das in Wasser verrührte Mehl. Mit Salz, Pfeffer und Paprika abschmecken und reichlich mit gehackter Petersilie bedecken. Dazu reicht man Salzkartoffeln.

Kohlrouladen heißen anderswo auch etwas prosaischer Krautwickel, gemeinsam ist ihnen aber allemal die Füllung aus lecker gewürztem Hackfleisch. Die Brandenburger Variante schmückt sich sogar mit einer Tomatensauce, was den Rouladen sehr zugute kommt.

ROBBE & BERKING

Kotelett auf zweierlei Art

SCHWEINEKOTELETT SANSSOUCI
4 Schweinekoteletts (ohne Knochen)
Salz
Pfeffer
1 Ei
Paniermehl
4 Scheiben Schinken
4 Scheiben milder Tilsiter
4 EL Olivenöl
1 unbehandelte Zitrone

MÄRKISCHES KOTELETT MIT KARTOFFELPUFFER
4 Koteletts (ohne Knochen)
Salz
Pfeffer
5 EL Weizenmehl
40 g Butterschmalz

Für die Kartoffelpuffer:
400 g geschälte Kartoffeln
2 Eier
2 Zwiebeln
150 g Weizenmehl
1 TL Salz
Muskat
4 EL Olivenöl

SCHWEINEKOTELETT SANSSOUCI (oben)
Die Koteletts waschen, trockentupfen, flachklopfen und nach Geschmack mit Salz und Pfeffer würzen. Das Ei mit so viel Paniermehl verrühren, daß eine noch flüssige Panierung entsteht. Die Koteletts nur auf einer Seite panieren, die andere mit je einer Scheibe gekochtem Schinken und Tilsiter belegen. Die so vorbereiteten Koteletts in dem heißen Öl langsam auf der panierten Seite etwa 10 Minuten bei kleiner Hitze braten ohne umzuwenden. Es empfiehlt sich, das Fleisch ab und zu mit dem Bratenwender anzuheben, damit die Panierung nicht an der Pfanne anbäckt. Mit Zitronenscheiben anrichten.
Dazu serviert man Bratkartoffeln und Tomatensalat.

Dieses für heutige Verhältnisse doch recht einfache Rezept soll im Haushalt des Alten Fritz öfter auf den Tisch gekommen sein. Galt Friedrich der Große doch – wie sein Vater, der Soldatenkönig – als äußerst sparsam, trotzdem aber den Genüssen und Freuden des Lebens durchaus nicht abgeneigt.

MÄRKISCHES KOTELETT MIT KARTOFFELPUFFER (unten)
Die Koteletts waschen, trockentupfen, klopfen, mit Salz und Pfeffer würzen und in Mehl wälzen. In Butterschmalz beidseitig braten und warm stellen.
Für die Kartoffelpuffer: Die Kartoffeln reiben, mit den Eiern, den klein gewürfelten Zwiebeln und dem Mehl vermengen und mit Salz sowie frisch geriebenem Muskat würzen. Zu Puffern formen (etwas größer als die Koteletts) und in heißem Öl beidseitig braten.
Die Koteletts auf je einem Kartoffelpuffer anrichten und mit einem Teil des Bratfettes übergießen. Als Beilage wird gern ein knackig frischer Salat der Saison dazu gereicht.

Dieses Gericht, zu dem der Dichter Friedrich von Logau geschrieben hat: „Dieses Mahl gefällt mir wohl, drauf sich erfrischt und speist nicht nur unser Aug' und Leib, sondern auch der Geist", wird besonders wohlschmeckend im Ratskeller zu Brandenburg serviert, wo die alte märkische Küche aus Tradition seit langem gepflegt wird.

ERZEUGER-

Berliner Kasseler Braten mit Erbspüree

3 Zwiebeln
2 Pimentkörner
½ TL Kümmel
Majoran
½ TL Zucker
800 g Kasselerkamm

Für das Erbspüree:
500 g getrocknete gelbe Erbsen
2 mittelgroße Zwiebeln
50 g Butter oder
80 g magerer Speck
Salz
Majoran nach Belieben

Die Zwiebeln schälen, vierteln und mit den Gewürzen sowie dem Zucker und dem Kassler in einen Topf mit Wasser geben, daß das Fleisch völlig bedeckt ist. Etwa 1 Stunde köcheln lassen. Den fertigen Braten in nicht zu dünne Scheiben schneiden und beim Servieren etwas von der durch ein Haarsieb gelaufenen Brühe geben. Als Beilage sind Erbspüree und Sauerkraut in Berlin ein absolutes Muß, „und wenn's denn unbedingt sein muß, kann's ooch Salzkartoffeln dazu jeben."

Für das Erbspüree: Die gelben Erbsen über Nacht einweichen, abgießen und sorgfältig dunkle Erbsen oder Spelzen auslesen. In frischem Wasser bei milder Hitze in etwa 1 Stunde weich kochen. Die Zwiebeln schälen und sehr klein schneiden, in der Butter oder dem klein geschnittenen Speck dünsten. Die weichen Erbsen durch ein Haarsieb passieren oder im Mixer pürieren. Die gedünsteten Zwiebeln mit dem Erbspüree gut verrühren und mit Salz und Majoran abschmecken.

Am guten alten Kasseler hängt – oft selbst bei professionellen Köchen! – ein großer Irrtum. Mit der nordhessischen Stadt Kassel nämlich hat dieses köstliche Fleischgericht nicht das mindeste zu tun. Vielmehr erblickte das Kasseler in der Berliner Potsdamer Straße 15 (in Schöneberg) das Licht der Kochtöpfe, beim Schlächtermeister Cassel. Der hatte ganz einfach einen angeräucherten Schweinerücken in eine Salzlake gelegt – und schon florierte sein gutgehender Fleisch- und Wurstladen noch besser. In alten Familienrezepten derer von Treskow findet sich noch die Zubereitungsart der Jahrhundertwende, wonach ein richtiger Kasseler keiner Gewürze bedurfte, „denn aus dem Bratensatz, etwas Sahne, etwas heißem Wasser und einer Prise Kartoffelmehl zum Binden entsteht eine überaus delikate Sauce." Und so sagt noch heute manche Berliner Hausfrau: „Also, wenn ick Jewürze brauche, hat der Schlächtermeester nich funzioniert!"

Hakenberger Hammelfleisch

Für 6 Personen

1,5 kg Hammelbrust oder -schulter mit Knochen
9 mittelgroße Zwiebeln
Salz
Pfeffer
2 Knoblauchzehen
2 TL Kümmel
125 g Butter
3 EL Weizenmehl
1 kg eingemachte saure Gurken
1 großes Stück Meerrettich nach Belieben
2 EL Kräuter der Saison

Die Hammelbrust oder auch -schulter gut waschen und in Stücke von etwa 100 g zerteilen. Die Zwiebeln schälen und in nicht zu dünne Scheiben schneiden. Beides in einen großen Topf geben und reichlich mit Wasser bedecken.
Nach dem ersten Aufkochen mit Salz und Pfeffer würzen und die zerdrückten Knoblauchzehen sowie den Kümmel hinzufügen. Bei schwacher Hitze etwa 90 Minuten köcheln lassen.
Die Butter in einem Schmortopf erhitzen und das Mehl darin zu einer hellbraunen Schwitze rühren.
Die Fleischstücke aus der Hammel-Zwiebel-Brühe nehmen und warm stellen. ½ Liter Brühe und ½ Liter der Gurkenlake zu der Mehlschwitze geben und alles zu einer sämigen Sauce einkochen lassen. Mit dem frisch geriebenen Meerrettich und den feingehackten Kräutern der Saison abschmecken. Die sauren Gurken würfeln und mit dem Fleisch zurück in die Sauce geben. Noch etwa 15 Minuten bei schwacher Hitze garen lassen.
Zusammen mit Salzkartoffeln und Gurkensalat servieren.

Gekochte Hammelbrust in einer Meerrettichsauce, die durch sauer eingelegte Gurken Pfiff bekommt, so lieben es die Hakenberger. Jedenfalls eine gewagte Kombination, die unbedingt ausprobiert werden sollte.

Koch-Buch

Spreewälder Meerrettichlende

800 g Rinderlende
2 EL Walnußöl
Salz
frisch gemahlener schwarzer Pfeffer
70 g Butter
4 mittelgroße Zwiebeln
1 Knoblauchzehe
1/4 Liter Fleischbrühe
3 Äpfel
1 EL Mehl
5 EL süße Sahne
1 EL mittelscharfer Senf
3 EL frisch geriebener Meerrettich
3 EL Johannisbeergelee
weißer Pfeffer
1 EL Zitronensaft

Die Lende waschen, gut abtrocknen und mit dem Öl, Salz und Pfeffer einreiben. Die Butter erhitzen und die Lende darin von allen Seiten kurz anbraten. Die Zwiebeln schälen, in Scheiben schneiden und mit der feingehackten Knoblauchzehe zum Fleisch geben, kurz anbraten und mit der Fleischbrühe auffüllen. Im zugedeckten Topf 40 Minuten garen lassen.
Die Äpfel in Würfel schneiden und in der Butter andünsten. Das Mehl mit der süßen Sahne verrühren, Senf und Meerrettich unterheben, zu den Äpfeln geben und unter ständigem Rühren 1 bis 2 Minuten schmoren lassen. Das Johannisbeergelee vorsichtig daruntermischen, alles kurz aufwallen lassen. Den Bratfond durch ein Haarsieb passieren, dazugeben, mit Salz, Pfeffer und Zitronensaft abschmecken. Die Lende aus dem Topf nehmen, in Scheiben schneiden und mit Salzkartoffeln und der Sauce auf angewärmten Tellern servieren.

Echte Feinschmecker ziehen den Meerrettich aus dem Spreewald dem aus allen anderen deutschen Anbaugebieten, wie etwa Bamberg, Nürnberg oder Urloffen, unbedingt vor, verzichten auch, wann immer es geht, auf Meerrettich-Konserven, denn nur frisch gerieben oder gehobelt entfaltet er seine überwältigende Würzkraft und den angenehm scharfen Geschmack.

Sülzkoteletts

500 g Kotelett
(am Stück)
1 große Zwiebel
1 Bund Suppengrün
1 Lorbeerblatt
5 Pfefferkörner
2 Gewürznelken
Salz
8 Blatt weiße Gelatine
4 EL Weißwein

Zum Garnieren:
1 hartgekochtes Ei
5 Champignons
1 Gewürzgurke
1 gekochte Möhre

Das Fleisch waschen und trockentupfen. Die Zwiebel schälen und das Suppengrün putzen, beides in Stücke schneiden. Gut 1 Liter Wasser in einem großen Topf zum Kochen bringen, dann Fleisch, Zwiebel, Suppengrün und Gewürze hineingeben und leicht salzen. Das Fleisch sollte mit Wasser bedeckt sein. Zugedeckt etwa 90 Minuten kochen lassen. Das Fleisch aus der Brühe nehmen und in vier Scheiben schneiden. Die Brühe durch ein Haarsieb passieren und im offenen Topf auf die Hälfte einkochen lassen, dann erkalten lassen und das Fett abschöpfen.
Die Gelatineblätter in etwas kaltem Wasser einweichen, ausdrücken, die Brühe wieder zum Kochen bringen und die Gelatine hineingeben. Die Brühe so lange rühren, bis sich die Gelatine vollständig aufgelöst hat, den Weißwein hinzufügen und mit Salz abschmecken.
Den Boden von vier flachen länglichen Schalen etwa 5 Millimeter hoch mit Brühe aufgießen und im Kühlschrank fest werden lassen. Für die Garnitur das hartgekochte Ei in dünne Scheiben schneiden, die Champignons, die Gewürzgurke sowie die Möhre ebenfalls in Scheiben schneiden. Alles gut verteilt auf der festgewordenen Brühe arrangieren, je ein Kotelett darauflegen und mit der restlichen Brühe übergießen. Im Kühlschrank in etwa 4 Stunden erstarren lassen.
Vor dem Servieren aus den Schalen auf Teller stürzen, damit die Garnituren nach oben kommen.

In Berlin und Brandenburg werden zu Sülzkoteletts grundsätzlich Bratkartoffeln gereicht. Wenn es sein muß, paßt auch Remouladensauce ganz gut dazu.
Wenn die Verwendung von Gelatine-Blättchen, die ja nicht gerade aus den appetitlichsten Grundstoffen produziert werden, vermieden werden soll, kann in entsprechend mehr Wasser mit dem Kotelett-Fleisch eine Anzahl von Schweinsfüßchen oder Schweinsschwarten mitgekocht werden. Die Brühe geliert dann von allein und ohne Gelantine, wenn es auch ein oder zwei Stunden länger dauert.

Spanferkel à la Uckermark

1,2 kg Spanferkelrücken
Salz
Pfeffer
1 Knoblauchzehe
1 TL Kümmel
2 große Zwiebeln
3 mittelgroße Kartoffeln
350 g grüne Bohnen
5 EL Olivenöl
½ Liter Fleischbrühe
2 Stengel Bohnenkraut
1 Bund Petersilie

Den vom Schlächter küchenfertig vorbereiteten Spanferkelrücken waschen, gut trockentupfen und mit Salz, Pfeffer, dem feingehackten Knoblauch und dem Kümmel kräftig einreiben.
Zwiebeln und Kartoffeln schälen und in mittelgroße Würfel schneiden. Die Bohnen putzen, waschen und in Stücke schneiden. Die Zwiebelwürfel in 1 Eßlöffel Öl andünsten und die grünen Bohnen hinzufügen. Mit Salz und Pfeffer gut würzen und die Fleischbrühe aufgießen, zum Kochen bringen und in 20 Minuten garen. Den Spanferkelrücken in einem großen Bräter im restlichen Olivenöl ringsherum anbraten und im auf 200 °C vorgeheizten Backofen etwa 25 Minuten garen lassen. Die Kartoffelwürfel in Salzwasser in etwa 10 bis 15 Minuten nicht zu weich kochen und unter das Bohnengemüse mischen. Mit abgezupftem Bohnenkraut herzhaft abschmecken.
Den Spanferkelrücken aus dem Bräter nehmen, in Koteletts schneiden. Auf Tellern mit dem Bohnengemüse anrichten und mit frisch gehackter Petersilie bestreuen.

Bis zum 12. Jahrhundert saßen in dieser Gegend die slawischen Ukrer, die dann von den West-Elbiern vertrieben wurden. Den Namen aber behielten sie bei, die Uckermark entstand. Die uckermärkische „Hauptstadt“ Prenzlau (seit 1234 Stadtrechte) führt seit 1800 den Beinamen „Nudelburg“, denn ein Herr Manteuffel begann in diesem Jahr dort Nudeln anzubauen – auf hochdeutsch: Kartoffeln.

Löwenberger Wildschweinkeule in Sahne

1 kg Wildschweinkeule (gut abgehangen)
Salz
100 g Butter
2 große Zwiebeln
2 Möhren
150 g Sellerie
½ Liter Fleischbrühe
1 EL Tomatenmark
¼ Liter saure Sahne
Muskat
Saft von ½ Zitrone
etwas Weißwein

Die Wildschweinkeule waschen, abtrocknen, sauber enthäuten und mit Salz einreiben. Die Butter zerlassen und das Fleisch von allen Seiten darin gut anbraten. Die Zwiebeln schälen und vierteln, Möhren und Sellerie putzen, waschen und kleinschneiden und mit den Zwiebeln zum Fleisch geben, bräunen lassen und etwas von der Fleischbrühe dazugießen. Das Ganze 90 bis 120 Minuten schmoren lassen, von Zeit zu Zeit die Keule wenden und mit dem Bratensatz begießen, verdampfte Flüssigkeit nach und nach durch die Fleischbrühe ersetzen. 15 Minuten vor Ende der Schmorzeit das Tomatenmark und die saure Sahne über das Fleisch geben. Das gare Fleisch in Scheiben schneiden und warm stellen. Den Bratensatz mit dem Gemüse durch ein Sieb streichen und mit frisch geriebenem Muskat, Zitronensaft und Salz würzen und nach Belieben mit Weißwein abschmecken. Dazu werden Semmelknödel und in Butter geschwenkte Pfifferlinge gereicht; ein kräftiger trockener Rotwein ergänzt dieses Gericht vorzüglich.

Die weiten Wälder um Löwenberg im Kreis Gransee, nördlich von Berlin gelegen, sind wieder voll von Rehen, Hasen und Wildschweinen, nachdem bis 1989 Regierungsmitglieder der Ex-DDR alles geschossen hatten, was sich im Wald bewegte. Das malerisch gelegene Seeschloß Liebenberg, gebaut von den Fürsten zu Eulenburg, genoß nicht nur der Küche wegen bei den illustren Gästen von Wilhelm Zwo über Göring bis Pieck, Ulbricht und Genossen hohes Ansehen, vielmehr auch wegen seiner abgelegenen Lage mitten im Wald an einem romantischen See, was amouröse Abenteuer förmlich provozierte. Durch Bedienstete ist dieses Wildschweinrezept aus der Zeit um 1910 „unters Volk" gekommen und äußerst beliebt geworden.

Fläminger Hasen-medaillons flambiert

1 Hasenrücken
(600–800 g)
Salz
50 g magerer Speck
2 EL Olivenöl

Für die Beilage:
300 g frische Pfifferlinge
1 Zwiebel
40 g Butter
Pfeffer
5 EL saure Sahne
1 TL Kartoffelmehl nach Belieben
Saft von ½ Zitrone
1 Bund Petersilie

Zum Flambieren:
4 EL Cognac

Den Hasenrücken waschen, abtrocknen, sauber enthäuten und das Fleisch vom Knochen lösen. In etwa 2 cm dicke Scheiben schneiden, leicht flach klopfen und mit Salz bestreuen. Den Speck in kleine Würfel schneiden und in dem erhitzten Öl auslassen, bis er goldgelb ist. Die Medaillons von beiden Seiten darin braten, jede Seite etwa 2 bis 3 Minuten.
Für die Beilage: Die Pfifferlinge putzen, waschen und trockentupfen. Die Zwiebel schälen und würfeln, in der zerlassenen Butter goldgelb andünsten lassen, die Pfifferlinge dazugeben und etwa 10 Minuten mitdünsten. Mit Salz und frisch gemahlenem Pfeffer würzen und die saure Sahne hinzugießen. Nach Belieben mit in einem Eßlöffel kaltem Wasser angerührten Kartoffelmehl binden und mit Zitronensaft beträufeln. Den Bratensatz mit etwas Wasser loskochen und zu den Pilzen geben. Die Pfifferlinge um die Medaillons arrangieren und mit gehackter Petersilie bestreuen. Am Tisch das Fleisch mit dem angewärmten Cognac übergießen und anzünden. Als Beilage passen am besten Salzkartoffeln, auch Wildreis schmeckt gut dazu.

Wie könnte es anders sein, als daß dieses Rezept, so sagen wenigstens alte Fläminger, aus dem Kloster Zinna stammen soll. Die Mönche des 1171 gegründeten Zisterzienserklosters kannten das Wohlleben sehr gut, fand doch 1759 ein gewisser Johann Christian Falckenthal im Klosterarchiv zu Zinna auch ein Rezept für einen hervorragenden Kräuterlikör, der von da an bis heute als „Zinnaer Klosterbruder" produziert wird. Gleichwohl sollte man zum Flambieren der Fläminger Hasenmedaillons Magenbitter nicht nehmen.

Buenos Aires 1910.
Weltausstellung St. Louis
MAMPES
BITTERE
werden nach dem
Rezept des Geh.
Dr. Carl Mampe
hergestellt und sind
Produkt unseres
Frankfurt a. M. 1937 Großer Preis „Ika"
MARKE ELEFANT
45 % vol
Berlin 1896.

Rehkeule Hubertus mit Ingwer

1 Rehkeule ohne Knochen (600–800 g)
1/4 Liter Weinessig
1 Lorbeerblatt
5 Pfefferkörner
5 Wacholderbeeren
1 TL frisch geriebener Ingwer
1 große Zwiebel
100 g magerer Speck
Salz
Pfeffer
4 EL Olivenöl
1 Bund Suppengrün
2 EL Tomatenmark
1/4 Liter Wildfond (oder Fleischbrühe)
20 g Weizenmehl
2 EL saure Sahne

Die gesäuberte und gut gewaschene, von jeglicher Haut befreite Rehkeule in eine Beize aus 1 1/2 Liter Wasser, dem Weinessig, den Gewürzen und der geschälten und geviertelten Zwiebel einlegen und zugedeckt 3 Tage stehen lassen. Dann die Keule herausnehmen, abtrocknen, mit dem in Stifte geschnittenen mageren Speck spicken, salzen und pfeffern und in dem heißen Olivenöl von allen Seiten anbraten. Das gewaschene und kleingeschnittene Suppengrün hinzufügen, nach etwa 15 Minuten mit dem Tomatenmark ablöschen, mit dem Wildfond auffüllen und zugedeckt schmoren lassen. Nach insgesamt etwa 90 Minuten Schmorzeit das Fleisch herausnehmen und warm stellen. Die Sauce mit dem in etwas Wasser glattgerührten Mehl binden, mit saurer Sahne verfeinern und nach Belieben mit Salz und Pfeffer nachwürzen. Die Rehkeule in nicht zu dicke Scheiben schneiden und mit der Sauce übergießen. Salzkartoffeln oder Spätzle gehören ebenso dazu wie Rotkohl und ein kräftiger Rotwein.

Durch die modernen Tiefkühl-Techniken und andere Konservierungsmethoden können Wildgerichte heute nicht nur zu bestimmten Zeiten, sondern das ganze Jahr über bereitet werden. Echte Feinschmecker jedoch bevorzugen – vor allem bei Rehwild – frisches Fleisch. Männliches Rehwild schmeckt am besten, wenn es zwischen Mitte Mai und Mitte Oktober erlegt wurde und innerhalb zwei Wochen in der Küche landet. Bei weiblichen Rehen ist die Zeit von Anfang September bis Ende Januar für den Wohlgeschmack optimal.

Entenragout mit Teltower Rübchen

2 junge Enten (küchenfertig)
Salz
Pfeffer
2 EL Weizenmehl
100 g Butter
2 Nelken
4 Pimentkörner
1 Kräutersträußchen (Petersilie, Majoran, Thymian, Beifuß)
750 g Teltower Rübchen
1 große Möhre
4 Schalotten
¼ Liter Fleischbrühe
¼ Liter roter Portwein
2 Sardellenfilets

Die sorgfältig gesäuberten und gewaschenen Enten vierteln, mit Salz und Pfeffer sparsam einreiben, mit Mehl bestäuben und in Butter in einem großen Bräter goldbraun anbraten. Nelken, Pimentkörner und das Kräutersträußchen dazugeben, etwas Wasser angießen und bei 120 °C etwa 60 bis 90 Minuten im Backofen schmoren lassen. Etwa 10 Minuten, ehe die Enten gar sind, das Kräutersträußchen herausnehmen. Die Rübchen, die Möhre und die Schalotten putzen, zu den Enten in den Bräter legen. Weiter schmoren lassen, bis die Rübchen leicht braun geworden sind und der Bratensatz fast eingekocht ist. Die Entenviertel herausnehmen und warm stellen.
Die Fleischbrühe und den Portwein an die Rübchen gießen. Die Sardellenfilets sehr fein hacken, dazugeben, noch zwei Minuten schmoren lassen. Mit Salz und Pfeffer aus der Mühle abschmecken. Die Entenviertel auf die Rübchen legen und noch einmal im Ofen kurz erhitzen. Dazu schmecken Salzkartoffeln oder Kartoffelmus.

Teltower Rübchen gedeihen tatsächlich in Teltows Sandboden am besten. Alle Kultivierungsversuche in anderen Regionen sind bislang fehlgeschlagen. Dies ist für das Edelgemüse wahrscheinlich von Vorteil, denn so kann die gute Qualität garantiert werden.

Gefüllte Weihnachtsgans

1 Gans von 3–3,5 kg
Salz
Pfeffer
8 kleine Zweige Beifuß
8 kleinere säuerliche Äpfel (Boskop)

Nach Belieben:
2 EL gequollene Sultaninen

Die Gans sauber putzen, etwa noch vorhandene Stoppeln mit einem brennenden Fidibus absengen, innen und außen gut waschen und trockentupfen. Etwas von dem Fett in der Gans auslösen und zum Anbraten beiseite stellen. Die Gans innen und außen salzen und pfeffern und mit der Hälfte des zerbröselten Beifußes innen einreiben. Die Äpfel waschen, Blüte und Stiel entfernen, jedoch nicht schälen und zusammen mit dem restlichen Beifuß und nach Belieben mit gequollenen Sultaninen in die Gans füllen, die am Hals und am Sterz zugenäht wird.
Die Hälfte vom Gänsefett in eine ausreichend große ovale Pfanne geben und etwa ⅛ Liter Wasser zufügen. Die Gans mit der Brust nach unten in die Pfanne legen und mit den restlichen Gänsefettflocken belegen. Die Pfanne in die auf 230 °C vorgeheizte Bratröhre schieben. Nach gut 30 Minuten die Gans mit der Brust nach oben drehen und unter Schenkeln und Flügeln mit einer dünnen Nadel einige Male anstechen, damit überschüssiges Fett ablaufen kann. Nach etwa 5 bis 10 Minuten den Herd auf 180 °C runterschalten und nach weiteren 45 Minuten auf 130 °C. Alle 10 Minuten den Braten abwechselnd mit dem Bratenfett und heißem Wasser begießen, damit er schön braun wird. Während der letzten 15 bis 20 Minuten die Gans mit kaltem Wasser begießen, um eine schöne krosse Haut zu bekommen. Dazu serviert man Salzkartoffeln oder Kartoffelklöße und Apfelrotkohl.

Gänsebraten ist natürlich überall in Deutschland daheim. In Berlin aber ist Weihnachten ohne Gans schlicht undenkbar. „Eene jut jebratne Jans is ne jute Jabe Jottes" heißt es denn auch sprichwörtlich in der Hauptstadt. Füllungen aber sind bei den Berliner Hausfrauen sehr variabel. Die in alten Kochbüchern oft erwähnte Füllung aus eingeweichten Backpflaumen wird nur noch selten bevorzugt, doch die Äpfel für das Gansinnere achteln und in Butter kurz anschmoren, wie es Fontanes Großmutter handschriftlich niederlegte, ist recht beliebt. Sie war es auch, die eine halbe Tasse gequollene Sultaninen zu den Äpfeln als Füllung gab, was sehr empfehlenswert ist.

Gemüse, Beilagen und Saucen

Spargel satt

CHORINER SPARGEL À LA KLOSTERGARTEN

600 g weißer Spargel
Salz
1 EL Zucker
100 g Butter
6 EL geriebenes Weißbrot
2 mittelgroße Zwiebeln
5 Eier
Salz
Pfeffer
Muskat
1/4 Liter Milch
4 EL geriebener Käse

SPARGEL MIT POLNISCHER SAUCE

1,5 kg weißer Spargel
Für den Sud:
2 Liter Wasser
1 EL Salz
1/2 EL Zucker
1 EL Butter
Für die Sauce:
100 g Butter
30 g geriebenes Weißbrot
2 hartgekochte Eier
1 EL gehackte Petersilie
1 EL gehackter Schnittlauch
Salz
Pfeffer

CHORINER SPARGEL À LA KLOSTERGARTEN (oben)

Den Spargel schälen, waschen und etwa 5 Minuten in viel Wasser, das mit Salz, Zucker und 1 Eßlöffel Butter gewürzt wurde, kochen. Eine Auflaufform mit 1 Eßlöffel Butter einfetten und 2 Eßlöffel geriebenes Weißbrot darüberstreuen. Die Zwiebeln schälen, würfeln und in der restlichen Butter in einer Pfanne leicht anrösten. Die Eier schaumig rühren und die angerösteten Zwiebeln mit der Butter sowie den restlichen Weißbrotbröseln darunterrühren. Mit Salz, Pfeffer und frisch geriebenem Muskat würzen und abschmecken. Die Milch unterrühren. Den halbgaren Spargel in etwa 2 cm lange Stücke schneiden und in der Form verteilen. Den dünnen Milchteig darübergießen und mit dem geriebenen Käse gleichmäßig bestreuen. Die Form in eine große Pfanne mit heißem Wasser stellen und im Backofen bei 165 °C etwa 35 bis 40 Minuten backen, bis die Eiermasse gestockt ist. Dazu passen sehr gut Salzkartoffeln.

SPARGEL MIT POLNISCHER SAUCE (unten)

Spargel schälen. Alle Zutaten für den Sud zusammengeben, einmal kurz aufkochen lassen und den Spargel darin in 15 bis 20 Minuten gar kochen.
Für die Sauce: Die Butter erhitzen. Die Weißbrotbrösel kurz darin rösten. Die Eier schälen, kleinschneiden und mit den Kräutern zur Butter geben. Nach Geschmack mit Salz und Pfeffer abschmecken. Den noch bißfesten Spargel gut abtropfen lassen und die Sauce darübergeben. Als Beilage serviert man Salzkartoffeln und mild gewürzten Schinken in hauchdünnen Scheiben.

Einwanderer von jenseits der Oder sollen diese Sauce mit ins Brandenburgische gebracht haben. Nun ist ja schon mit den vielen nach Brandenburg und Berlin übersiedelten Schlesiern polnisches Brauchtum mitgekommen. Und die Polen mögen nun einmal eher deftiges Essen und Trinken. Zarten Nuancen sind sie weniger zugetan. Und man schmecke und staune: Auch unter der verhältnismäßig schweren Sauce bleibt der Spargel immer noch Spargel.

Spreewälder Sauerkraut im Weinblatt

800 g frisches Sauerkraut
400 ml saure Sahne
80 g Rosinen
50 g Butter
100 g altes geriebenes Weißbrot
1 TL Zucker
Salz
Pfeffer
2 Gläser Weinblätter
Butter für die Form
¼ Liter Weißwein (lieblich)

Für die Sauce:
80 g süße Mandeln
100 g Butter
2 TL Zitronensaft
Salz
Pfeffer

Das Sauerkraut mit einem scharfen Messer kleinschneiden. Die saure Sahne mit den gewaschenen Rosinen vermischen. Butter erhitzen und die Weißbrotbrösel darin anrösten, unter die Sahne rühren und alles unter das Sauerkraut mischen. Mit dem Zucker, Salz und Pfeffer aus der Mühle herzhaft abschmecken.
Die Weinblätter aus dem Glas nehmen, unter klarem Wasser vorsichtig abspülen und trockentupfen. In die Mitte jedes Blattes etwas von der Sauerkrautmischung geben, die Blattränder leicht nach innen wie zu einem Päckchen einschlagen und die gefüllten Blätter in eine gut gebutterte feuerfeste Form setzen. Den Weißwein bis auf einen Rest von 4 Eßlöffel langsam angießen und das Ganze im vorgeheizten Backofen bei 180 °C etwa 30 Minuten garen.
Für die Sauce: Die Mandeln in der Mandelmühle reiben und in einer Pfanne in 3 Eßlöffel heißer Butter anrösten, mit dem zurückbehaltenen Wein und dem Zitronensaft ablöschen. Die restliche kalte Butter in kleinen Scheibchen unterschlagen und die fertige Sauce mit Salz und Pfeffer nach Belieben würzen. Die gefüllten Weinblätter auf vorgewärmten Tellern anrichten und mit der Sauce begießen.
Salzkartoffeln oder Rösti sind schmackhafte Beilagen.

Neben den Fischen, den Gurken und dem Meerrettich ist Kraut eines der Lieblingsessen der Spreewälder; und sie wissen es auch auf ganz extravagante Weise zuzubereiten.

Teltower Rübchen

750 g Teltower Rübchen
2 EL Weinessig
1 EL Butter
1 EL Zucker
¼ Liter Fleischbrühe
Salz

Tip:
Teltower Rübchen sind außerhalb von Brandenburg und Berlin nur mit Schwierigkeiten zu beschaffen. Erfreulicherweise nimmt der Anbau wieder zu. Als Ersatz können auch junge Mairübchen genommen werden, obwohl der ganz besondere Teltower-Rübchen-Geschmack dann fehlt.

Die Teltower Rübchen putzen und waschen. Große Rübchen längs halbieren. Ausreichend Wasser mit dem Essig versetzen, die Rübchen hineinlegen und etwa 30 Minuten darin lassen. Die Butter in einem Topf erhitzen, den Zucker hinzufügen und beides bei ständigem Rühren bräunen, nicht zu dunkel werden lassen, damit die Masse nicht bitter wird. Die Rübchen aus dem Essigwasser nehmen, gut abtrocknen und in den Topf mit dem gebräunten Zucker geben. Mehrmals wenden und mit der Fleischbrühe ablöschen. Bei mittlerer Hitze etwa 20 bis 25 Minuten schmoren lassen. Teltower Rübchen passen besonders gut zu Entenbraten, zu Fasan und zu Niederwild wie Hase und Wildkaninchen.

Teltower Rübchen stellen wohl eine ganz besondere Versuchung der Mark Brandenburg dar. Diese kleine, zarte Rübenart hat im Sand in und weit um Teltow herum den idealen Boden. Nachdem Goethe sie kennengelernt hatte, ließ er sich öfters einen Korb voll mit der Schnellpost nach Weimar bringen. Als dann im vorigen Jahrhundert gar noch ein bekannter Theaterkritiker urteilte: „Wer in Kleists ‚Prinz von Homburg‘ nicht den märkischen Erdgeschmack findet, der demjenigen der Teltower Rübchen verwandt ist, hat Kleist nicht verstanden“, gab es kein Halten mehr. Überall in Deutschland wurde versucht, Teltower Rübchen anzubauen. Doch alle Versuche schlugen fehl. Teltower Rübchen sind nur echt aus Brandenburg!

Und zur Molle: Hackepeter und Soleier

HACKEPETER
400 g mageres Schweinefleisch
300 g fettes Schweinefleisch
2 Zwiebeln
Salz
schwarzer Pfeffer aus der Mühle
Für die Garnitur:
Gewürzgurken
Kapern
Sardellen nach Belieben

SOLEIER
12 Eier
200 g Salz
1 TL Kümmel
1 TL Zucker

Übrigens:
In „echten" Berliner Kneipen stehen auf der Theke große Gläser mit Soleiern, zumeist direkt neben dem „Hungerturm", einem Glaskasten, der Hackepeter-Schrippen, Gewürzgurken und andere Häppchen beherbergt. Überkommt den Kneipisten zwischen einigen Mollen ein Hüngerchen, ißt er gern ein Solei, wobei das geschälte ganze Ei kräftig in Mostrich gestippt wird.

HACKEPETER
Das Schweinefleisch in Stücke schneiden und – immer abwechselnd mager und fett – durch den Fleischwolf drehen. Keinesfalls den Mixer nehmen, weil das Fleisch dann zu Mus gerät.
Zwiebeln schälen, in sehr kleine Würfel schneiden und unter das durchgedrehte Fleisch mischen. Das Ganze vorsichtig, aber gründlich vermengen und je nach Geschmack mit Salz und schwarzem Pfeffer aus der Mühle würzen.
Auf halben Schrippen serviert, ist es für Berlin typisch. Zur Perfektion gehört eine Garnitur aus in Streifchen geschnittenen Gewürzgurken und einigen Kapern, die nach Belieben um ein Sardellchen ergänzt werden kann.

SOLEIER
Die Eier hart kochen, abschrecken und ringsherum die Schale leicht eindrücken. Salz, Kümmel und Zucker in reichlich 1 Liter Wasser zu einer Sole verrühren und die hartgekochten Eier hineinlegen. Sie sollten mindestens 24 Stunden, besser sind 2 bis 3 Tage, in der Sole ziehen.
Zu Soleiern passen hervorragend Schrippen und eine „Molle".

Im Jahre 1903 war es, als der Kneipier Eduard Martin in seiner Eckkneipe Landsberger Straße den Hackepeter erfand, tüftelte er doch dauernd etwas Besonderes für seine Gäste aus. Zu jener Zeit war es absolut notwendig, nur sehnenfreies und frisches Schweinefleisch zu verwenden. Heute wird Hackepeter kaum noch in der heimischen Küche zubereitet, weil jeder Berliner Schlächter ihn „vorgewürzt" anbietet; es fehlt nur noch die Nachwürzung nach persönlichem Gusto. Man kann auch sicher sein, daß ein vorgefertigter Hackepeter in Berlin von exzellenter Qualität ist, denn wenn nicht, hieße das für den Urheber, mit seiner Existenz zu spielen. Hackepeter ist für den Berliner nämlich eine der wenigen Sachen, bei denen er keinen Spaß versteht. Vorzugsweise dient eine Hackepeter-Schrippe in der Kneipe als formidabler Stehimbiß – natürlich mit „eene Molle". Aber auch in feinsten Häusern darf Hackepeter bei einem Berliner Büfett niemals fehlen.

Mostrich

Berliner Kartoffelpuffer

Als die Kartoffeln begannen, Europa zu erobern, hatten die Preußen echte Schwierigkeiten damit; sie wußten mit den fremden Knollen nichts anzufangen. Auch als Friedrich II. den Kartoffelanbau per Dekret anordnete, stellten sich die Untertanen lange Zeit stur. Erst zum Ende des 18. Jahrhunderts hatte sich der „Kartoffl“ Anbau richtig durchgesetzt. Seitdem aber ist die Kartoffel in den unterschiedlichsten Zubereitungsarten aus der Berliner und Brandenburger Küche überhaupt nicht mehr wegzudenken. Auch im Sprachgebrauch ist die Kartoffel überaus lebendig. So heißt eine große Taschenuhr im Berlina Schargong „Katoffel“ und auf den Senat der Hauptstadt bezieht sich die höchst moderne Bezeichnung „Management by Potatoes“, was soviel heißen soll wie „Rin in de Katoffeln, raus aus'n Katoffeln“. Und da war noch der Berliner, der seinen Freund fragte: „Du, wat jibt's heute bei Euch?“ „Katoffelpuffa.“ „Wat jibt's?“ „Katoffelpuffa!“ „Mensch, ick weeß nich, ick vastehe imma Katoffelpuffa!“

2 kg Kartoffeln (mehligkochend)
1 große Zwiebel
1 Ei
50 g Mehl
Muskat
Salz
Öl zum Ausbacken

Tip:
In Berlin werden Kartoffelpuffer ausnahmslos heiß serviert und mit Zucker bestreut. Als Beigaben sind Apfelmus und Kaffee ein absolutes Muß.

Die Kartoffeln schälen, waschen und mit der geschälten Zwiebel fein reiben, das Ei hinzufügen und mit dem Mehl gut durchrühren. Nach Belieben einen Hauch frisch geriebenen Muskat unterarbeiten und mit Salz abschmecken.
In einer Pfanne von 20 bis 25 cm Durchmesser Öl erhitzen und den Kartoffelbrei in Form von Omeletts von beiden Seiten knusprig ausbraten.

Meerrettichsaucen

SPREEWÄLDER MEER-
RETTICHSAUCE
5 EL frisch geriebener Meerrettich
70 g Butter
2 EL Weizenmehl
Salz
½ Liter Fleischbrühe

MEERRETTICHSAHNE „SCHARFE HANNA"
5 EL frisch geriebener Meerrettich
2 EL Weinessig
1 TL Zucker
1 TL scharfer Senf
½ TL weißer Pfeffer
⅛ Liter süße Sahne

SPREEWÄLDER MEERRETTICH-SAUCE

Den frisch geriebenen Meerrettich mit der Butter, dem Mehl und etwas Salz gut vermengen und durchkneten. Fleischbrühe darübergießen und unter Rühren zum Kochen bringen. Die Sauce 2 bis 4 Minuten kochen lassen. Sollte die Sauce zu scharf sein, kann sie mit etwas Milch abgemildert werden.

MEERRETTICHSAHNE „SCHARFE HANNA"

Den frisch geriebenen Meerrettich mit dem Essig, Zucker, Senf und dem weißen Pfeffer gut verrühren. Die süße Sahne schlagen und unter die Sauce ziehen. Vor dem Servieren etwa 20 Minuten im Kühlschrank ziehen lassen.

Meerrettich wird in der feinen Küche Brandenburgs und Berlins in aller Regel frisch gerieben oder geraspelt. Es gibt ihn natürlich auch fertig im Glas in sehr guten Qualitäten, doch das ist dann eben nur eine Konserve. Heute ist die Beschaffung von Meerrettichstangen nirgends in Deutschland ein Problem. Die vorzüglichste Qualität jedoch stammt aus dem Spreewald. Die „scharfe Hanna" übrigens ist eine Cottbuserin, hoch in den 80ern und noch immer eine begnadete Köchin mit viel Sinn für die natürlichen Schärfen.
Meerrettichsaucen passen zu gekochtem Rindfleisch und zu Hammelkeule sehr gut.

Süsse Speisen und Getränke

Für Berliner Schleckermäulchen

BERLINER LUFT
8 Eier
250 g Zucker
60 g Kartoffelmehl
1/4 Liter Apfelsaft
4 EL Zitronensaft
1/2 Liter süße Sahne
1 Päckchen Vanillezucker

VERSOFFENE JUNGFERN
2 Eier
4 Gewürznelken
1/2 Liter Rotwein
5 EL Weinbrand oder Cognac
2 Päckchen Vanillezucker
8 Schrippen (1 Tag alt)
50 g gestoßener Zwieback
75 g Butter

BERLINER LUFT (oben)
Alle Zutaten außer der Sahne und dem Vanillezucker in einen Topf geben und bei niedriger Hitze im Wasserbad ständig rühren, bis eine fast feste Masse entsteht. Keinesfalls kochen lassen! Die Crème vom Herd nehmen und die mit dem Vanillezucker steifgeschlagene Sahne vorsichtig unterziehen. Die Berliner Luft in Portionsschüsselchen füllen und etwa 3 Stunden in den Kühlschrank stellen.

Die Berliner sind ausgesprochene Schleckermäulchen und ein gutes Sonntagsessen ohne Nachspeise ist kaum vorstellbar. Die typischen Spree-Athener Süßspeisen sind fast alle aus der früheren Tradition entstanden, am Samstagmittag nur eine Suppe oder den Rest von einem Eintopf auf den Tisch zu bringen und nachmittags dann mit süßen Sachen und phantasievollen Kuchen den Sonntag einzuläuten.

VERSOFFENE JUNGFERN (unten)
Die Eier verquirlen, die Nelken fein mahlen und mit Rotwein und Weinbrand gut verrühren. Mit einer Prise Vanillezucker würzen. Die altbackenen Schrippen in fingerdicke Scheiben schneiden und einzeln in der Würzwein-Sauce wälzen und anschließend sofort in dem Zwiebackmehl gut wenden. Von beiden Seiten in der heißen Butter braten. Mit Vanillezucker bestreuen und heiß servieren.

Auch bei den Süßspeisen ist es den Berlinern immer wieder gelungen, aus relativ einfachen Zutaten köstliche Desserts zu bereiten. Sicher ist einer der Hauptgründe dafür die Armut, in der viele Familien leben mußten, als Berlin noch den traurigen Ruf genoß, die größte Mietskasernen-Stadt Europas zu sein. Noch bis weit in unser Jahrhundert hinein mußten Hunderttausende von Arbeiterfamilien mit oft bis zu acht Personen in einem Zimmer leben. Zu dieser Zeit gehörten Rotwein und Weinbrand sicher nur zu hohen Festtagen in das Rezept der „Versoffenen Jungfern". Apfelwein und ein kleiner Korn mußten da wohl genügen.

BERLINER
BERLINER MORGENPOST

Fläminger Pflaumenmus

5 kg Bauernpflaumen (einfache Zwetschen)
3 EL Zimt
10 Gewürznelken
3 grüne Walnüsse (mit der grünen Schale)
1 EL Salz

Die Pflaumen gründlich waschen und entsteinen. Etwa 10 Pflaumenkerne aufheben. Pflaumen in einen sehr großen Topf mit 1 bis 2 Litern Wasser geben. Den Zimt darüber verteilen. Die Gewürznelken in ein sauberes Stück Nessel fest einbinden, die 10 Pflaumenkerne mit einem Hammer etwas zerkleinern, ebenfalls in ein Nesselsäckchen binden und beides zu den Pflaumen geben. Das Ganze zum Kochen bringen und öfters umrühren. Wenn die Pflaumen kochen, die Walnüsse mit der grünen Außenschale und das Salz hinzufügen.
Sofort nach dem ersten Aufkochen auf mittlere Hitze zurückgehen und ständig mit einem großen Holzlöffel umrühren, damit die Masse nicht am Topfboden ansetzen kann. Nach 1 Stunde die Nelken und die Kerne entfernen. Das Pflaumenmus so lange köcheln lassen, bis es nicht mehr vom Rührlöffel tropft. Vom Herd nehmen und noch heiß in kleinere Tontöpfchen füllen.

Im Fläming wurde dieses geradezu sündhaft gut schmeckende Pflaumenmus im Waschkessel gekocht, in dem einige abgerundete Feldsteine zusätzlich halfen, das Anbrennen zu verhindern. Mit den grünen Walnüssen wird die Farbe leicht gedunkelt und die zerstoßenen Pflaumenkerne kräftigen das Aroma. An dieses echte Pflaumenmus braucht auch kein Zucker. Denn damals, als die Bauern weitgehend Selbstversorger waren, mußte Zucker für viel Geld gekauft werden. Wichtig im Fläming war auch, daß so erdverbundene Nahrungsmittel in „irdenen“ Gefäßen, also in Tontöpfen und -krügen aufbewahrt wurden. Denn das Töpfern war in diesem Landstrich der eingewanderten Flamen weit verbreitet. Die Dörfer Klein Glien, Glienig und Golmenglin erinnern daran: „glina“ ist das slawische Wort für Ton.

Berliner Napfkuchen

30 g Hefe
5 EL Milch
200 g Zucker
200 g Butter
6 Eier
500 g Weizenmehl
1 TL abgeriebene unbehandelte Zitronenschale
15 g geriebene süße Mandeln
15 g geriebene bittere Mandeln
Salz
etwas Muskatblüte
1/8 Liter brauner Rum
100 g Sultaninen
100 g Korinthen
50 g gehacktes Zitronat
3 EL Puderzucker

Die Hefe in der warmen Milch anrühren, 2 Teelöffel Zucker hinzufügen, durchrühren und bei Zimmertemperatur etwa 15 Minuten stehen lassen. In einer Schüssel die Butter mit dem Zucker schaumig rühren, Eier, Mehl und die Hefemischung dazugeben und gut durchrühren. Die geriebene Zitronenschale, die Mandeln sowie Salz und Muskatblüte nach und nach darunterrühren und zu einem glatten Teig verarbeiten. Den Teig so lange warm stellen, bis er sich verdoppelt hat. Den Rum zugeben und noch einmal kräftig durchkneten.
Die Sultaninen, Korinthen und das Zitronat darunterkneten. Den Teig in eine gut gebutterte Napfkuchenform geben und wiederum warm stellen, bis er etwa um 20 Prozent aufgegangen ist. Die Form nun in den auf 200 °C vorgeheizten Backofen schieben und 50 bis 60 Minuten backen lassen.
Den erkalteten Kuchen stürzen und mit dem Puderzucker bestreuen.

Die Berliner sind Schleckermäulchen, und dabei sind ihnen die einfachen Kuchen doch am liebsten. Von wegen Cremetorten und Sahnebomben! Ein echter Hefeteigkuchen, mit Rum verfeinert, ist doch am allerbesten!

Mohnpielen

Diese traditionelle Süßspeise für die Weihnachtszeit und den Jahreswechsel ist heute fast vergessen. Die Mohnpielen kommen ursprünglich aus Schlesien, sind aber in Berlin und Brandenburg schon vor mehr als 150 Jahren heimisch geworden. Denn wie heißt es so richtig: „Wat een echter Berlina is, stammt aus Breslau".

2 Rosinenbrötchen
4 Zwiebäcke
3/4 Liter Milch
250 g gemahlener Mohn
1/4 Vanilleschote
100 g Rosinen
150 g Zucker
120 g gehobelte süße Mandeln
Salz
3 EL brauner Rum
1/4 Liter süße Sahne

Die Rosinenbrötchen in Scheiben schneiden und zusammen mit den Zwiebäcken in der leicht angewärmten Milch für 10 Minuten einweichen. Auf einem Sieb abtropfen lassen und leicht ausdrücken, das geht am besten mit einem Tortenheber. Die Milch mit dem Mohn, der aus der Schote gekratzten Vanille, den Rosinen, dem Zucker und den gehobelten Mandeln verrühren und 10 Minuten köcheln lassen. Salz und Rum unterrühren. Die Sahne steifschlagen, unter den Mohnbrei heben und schichtweise mit den Rosinenbrotscheiben und den Zwiebäcken in eine Glasschale füllen. Vor dem Verzehr sollten die Mohnpielen 2 Tage im Kühlschrank gut durchziehen.

Kleine Kuchen für grosse Kaffeefreunde

PREUSSISCHER RÄDERKUCHEN
300 g Weizenmehl
80 g Zucker
4 EL saure Sahne
5 Eigelb
1 EL weißer Rum
1 Prise Zimt
2 EL Puderzucker
Zum Backen:
2 Liter Kokosfett

EBERSWALDER SPRITZKUCHEN
½ Liter Milch
2 EL Zucker
100 g Butter
1 unbehandelte Zitrone
350 g Weizenmehl
6 Eier
Salz
350 g Kokosfett
150 g Schweineschmalz
200 g Puderzucker

PREUSSISCHER RÄDERKUCHEN (oben)

Das Mehl mit allen übrigen Zutaten außer dem Puderzucker zu einem glatten Teig verrühren. Wenn der Teig noch klebt und sich deshalb nicht ausrollen läßt, für etwa 30 Minuten kalt stellen. Den Teig ½ cm dick ausrollen und mit dem Kuchenrad in 3 cm breite und 10 cm lange Streifen zerteilen. Die Teigstreifen in der Mitte der einen Hälfte längs etwas mehr als 3 cm einschneiden und das Ende der anderen Hälfte vorsichtig durch diesen Schnitt ziehen.
Diese „Schleifchen" in dem flüssigen heißen Kokosfett 5 bis 8 Minuten schwimmend goldbraun backen. Mit einem Schaumlöffel herausnehmen, auf einem Rost abtropfen lassen und mit dem Puderzucker bestreuen.

Die Preußischen Räderkuchen schmecken warm ebenso gut wie kalt. Die Brandenburger essen dieses kleine Backwerk gern zu „Kaffeee" – also kräftig und frisch gefiltert. „Kafffe" dagegen – „det is Lorke" – mögen sie keinesfalls.

EBERSWALDER SPRITZKUCHEN (unten)

Die Milch mit Zucker, Butter und der abgeriebenen Zitronenschale in einen Topf geben und erhitzen. Nach dem ersten Aufkochen vom Feuer nehmen, das Mehl hinzufügen und so lange rühren, bis sich der Teig wie ein Kloß vom Topfboden löst. Den Teig in eine Schüssel geben und etwa 10 Minuten abkühlen lassen. Nun die Eier einzeln unterarbeiten, bis ein glatter Teig entsteht. Nach Belieben salzen.
Kokosfett und Schweineschmalz in einem großen Topf erhitzen. Ein Stück Pergamentpapier so zuschneiden, daß es etwas kleiner ist als der Topfdurchmesser, kurz durch das heiße Fett ziehen und auf einen Teller legen.
Den Teig in einen Spritzbeutel mit großer gezackter Tülle füllen und auf das gefettete Papier runde Kränzchen spritzen. Das Papier mit den Teigkränzchen in das heiße Fett tauchen, dabei an einer Ecke festhalten, damit die Kränzchen hineinrutschen können. Wenn sie goldbraun ausgebacken sind, mit einem Schaumlöffel herausnehmen und auf einem Küchenrost oder Tuch abtropfen lassen. Dann mit Puderzucker bestreuen.

Kaiserplätzchen

Für etwa 20 Stück

50 g Kartoffelmehl
250 g Weizenmehl
80 g gemahlene süße Mandeln
125 g Puderzucker
1 Päckchen Vanillezucker
Salz
225 g Butterschmalz

Für die Montage:
50 g Puderzucker
1 Päckchen Vanillezucker
5 EL Marillenkonfitüre
2 TL Marillenbrand

Das Kartoffelmehl unter das Weizenmehl mischen und in eine Schüssel sieben. Die gemahlenen Mandeln, den Puderzucker und den Vanillezucker daruntermischen und leicht salzen. Das Butterschmalz in kleinen Stückchen darüber verteilen und mit den Händen zuerst durch Reiben, dann durch Kneten zu einem glatten Teig verarbeiten. Etwa 1 Stunde ruhen lassen.
Dann den Teig noch einmal mit der Hand kräftig durchkneten, dünn ausrollen und runde Plätzchen von 8 bis 10 cm Durchmesser ausstechen. Mit einer kleineren Form von der Hälfte der Plätzchen die Mitte ausstechen, so daß Ringe entstehen. Plätzchen und Ringe auf ein mit Backpapier ausgelegtes Backblech legen und etwa 15 bis 20 Minuten im auf 180 °C vorgeheizten Backofen backen.
Für die Montage: In der Zwischenzeit den Puderzucker mit dem Vanillezucker vermischen. Die noch warmen Ringe einseitig in die Zuckermischung tauchen. Den Marillenbrand oder auch Marillenlikör unter die Marillenkonfitüre mischen und leicht erwärmen. Die Konfitüre 2 bis 3 Millimeter dick auf die Plätzchen streichen, die Ringe mit der Zuckerseite nach oben daraufsetzen und vorsichtig andrücken.

Im klassischen Obstanbaugebiet um das Städtchen Werder wachsen viele Früchte und Obstsorten. Wenn auch das Prädikat „größtes zusammenhängendes Obstanbaugebiet Deutschlands" heute nicht mehr gilt, ist das Einkaufen immer noch eine Freude ganz besonderer Art. Und so können aus den Früchten mannigfache Konfitüren und Marmeladen gezaubert werden, die alle für die Kaiserplätzchen passen. Es kommt dann nur darauf an, den richtigen „spirituellen" Schuß zu wählen.

Berliner Pfannkuchen

500 g Weizenmehl
40 g Hefe
1/8 Liter Milch
100 g Zucker
2 Eier
100 g Butter
Salz
Pflaumenmus zum Füllen
1 Eiweiß
350 g Kokosfett
200 g Flomen (Schweineschmalz)
300 g Puderzucker

Tip:
Nach Belieben kann aus dem Puderzucker und etwas warmem Wasser auch ein Zuckerguß bereitet werden, mit dem die Pfannkuchen auf der Oberseite bestrichen werden.

Übrigens:
Ob das Rezept wie auch die Form tatsächlich von einem friderizianischen Kanonier erfunden wurden, als Dankeschön, daß er für den Dienst an der Waffe untauglich war und in der Backstube Dienst tun mußte, läßt sich gastro-historisch nicht einwandfrei belegen. Zumindest erinnert die Form der Pfannkuchen an eine Kanonenkugel.

Das Mehl in eine Schüssel sieben, in die Mitte eine Mulde drücken und die in etwas Milch aufgelöste Hefe hineingeben, 1 Teelöffel Zucker darüberstreuen und mit etwas Mehl bestäuben. Die Schüssel zugedeckt etwa 30 Minuten warm stellen.
Nachdem die Hefe etwas aufgegangen ist, die restliche Milch, Zucker, Eier und die Butter in Flöckchen hinzufügen, nach Belieben salzen und einen nicht zu festen Teig herstellen. Wenn nötig, noch etwas warme Milch hinzugeben. Den Teig zugedeckt weitere 30 Minuten gehen lassen. Anschließend noch einmal gut durchkneten, bis er Blasen wirft und sich leicht vom Holzlöffel löst.
Den Teig auf einem gemehlten Brett etwa 5 Millimeter dick ausrollen und mit einer Form oder einem Glas runde Scheiben von 6 bis 7 Zentimeter Durchmesser ausstechen.
Auf die Hälfte der Teigscheiben je einen Teelöffel Pflaumenmus setzen, den Rand mit Wasser vorsichtig anfeuchten, je eines der restlichen Scheibchen daraufsetzen und an den Rändern sanft andrücken. Die Ränder mit dem Eiweiß bestreichen und das Ganze wieder warm stellen, bis die Teiggebilde so lange gegangen sind, daß sie sich fast kugelförmig vergrößert haben.
Kokosfett und Flomen erhitzen und gut vermengen, bis alles Fett flüssig und sehr heiß ist. Jetzt die Teigkugeln schwimmend von beiden Seiten mittelbraun backen. Stets nur so viele Pfannkuchen in das heiße Fett geben, wie an der Oberfläche nebeneinander Platz haben. Ist ein appetitliches Braun erreicht (die Pfannkuchen haben dann am Kleberand einen helleren Streifen), mit dem Schaumlöffel aus dem Fett nehmen, auf einem Küchentuch oder einem Rost abtropfen lassen und in Puderzucker wälzen.

Überall heißen diese kleinen Köstlichkeiten „Berliner“, nur in Berlin werden sie „Pfannkuchen“ genannt. In der Hauptstadt gibt es sie auch bei jedem Bäcker das ganze Jahr über, während sie in fast allen anderen deutschen Landschaften hauptsächlich zu Silvester und während der Karnevalszeit hergestellt und angeboten werden.

Variationen mit Berliner Weisse

BERLINER WEISSE
„TRADITION“ (unten rechts)
1 Schuß Himbeersaft oder 1 Schuß Waldmeistersirup mit Berliner Weiße auffüllen.

BERLINER WEISSE MIT STRIPPE
(unten links)
1 Glas Kümmelschnaps mit Berliner Weiße auffüllen.

BERLINER WEISSE „KLOSTER-TRUNK“ (oben 2. von rechts)
1 Glas Kartäuser oder 1 Glas Escorial Grün (56 vol %!) mit Berliner Weiße auffüllen.

BERLINER WEISSE „FLIEGENDER HOLLÄNDER“ (oben rechts)
1 Glas Apricot-Likör mit Berliner Weiße auffüllen.

BERLINER WEISSE
EDELDUFTE (unten Mitte)
1/3 Himbeersaft
1/3 Cherry Heering-Likör
1/3 Berliner Weiße

BERLINER WEISSE SPEZIAL
(oben 2. von links)
1 Glas Rotwein
1 TL Zucker
2 EL Zitronensaft
mit Berliner Weiße auffüllen.

BERLINER WEISSE SPEZIAL-FLIP
(oben links)
1 Glas Weinbrand oder
1 Glas Cognac
1 Eigelb
1 TL Zucker
mit Berliner Weiße auffüllen.

Das zum Ende des 16. Jahrhunderts von Hamburg nach Berlin gekommene Weißbier, ein schwach alkoholisches obergäriges Weizenbier, wurde erst in Berlin zur berühmten Berliner Weißen. Das Wasser wie auch die Berliner Luft gaben ihr das feine Aroma und die phänomenale Süffigkeit. Bereits 1628 delektierte sich Wallenstein in Berlin daran und urteilte: „Das ist das einzige Getränk, das nach einem heißen Schlachtentag meinen Durst löschen kann.“

Seit 1836 · 4. Generatio
Berliner
ilka=Kumme
J.A.Gilka

Getränke mit Berliner Weisse

Kaum lassen sich die ersten warmen Sonnenstrahlen auf den Straßen, Plätzen und Mauern nieder, werden Tische und Stühle ins Freie getragen, und die Straßencafés bevölkern sich wieder. Und schon wird es schwierig, einen Platz an der Sonne zu ergattern.

BERLINER WEISSE BOWLE
Für 6 Personen
250 g Erdbeeren (wahlweise entkernte Sauerkirschen)
1/4 Liter Weinbrand
100 g Zucker
6 Flaschen Berliner Weiße

POLNISCHER TEE
2 Flaschen Berliner Weiße
6 Eigelb
Schale von 1/2 unbehandelten Zitrone
2 cm Zimtrinde
2 EL brauner Zucker
weißer Rum nach Belieben

BERLINER WEISSE BOWLE
Die Erdbeeren (oder entkernten Kirschen) waschen, gut abtropfen lassen und in dem Weinbrand ansetzen. Den Zucker unterrühren und 2 Flaschen Berliner Weiße hinzugießen. Die anderen 4 Flaschen Berliner Weiße erst etwa 1 Stunde vor dem Servieren hineingießen.

POLNISCHER TEE
Alle Zutaten in einem Topf, der im heißen Wasserbad steht, mit dem Schneebesen durcheinandermengen, bis das Ganze cremig und heiß ist. Zitronenschale und Zimtrinde entfernen. In Kaffeetassen servieren.

Die Rezepte nach Gruppen

Soweit in den Rezepten nichts anderes vermerkt ist, sind die Zutaten für vier Personen berechnet.

Gemüse, Beilagen und Sauces

Süße Speisen

Getränke

Die Rezepte alphabetisch

Soweit in den Rezepten nichts anderes vermerkt ist, sind die Zutaten für vier Personen berechnet.

Bildquellen
Impressum

Bilderberg: Klaus Bossemeyer 68/69; Michael Engler 74; Thomas Ernsting 108; Renate von Forster 70; Klaus D. Francke 62/63, 64, 66, 67; Wolfgang Kunz 16
Focus: Cotton Coulson 38; Reinhard Janke 162; Jochen Keute 24/25, 102; Urs Kluyver 21, 172; Tom Krausz/Knut Müller 71 (oben); Walter Mayr 7; Mike Schröder 28; Helga Sittl 23, 122
Harksheider Verlagsgemeinschaft: 110
IFA: Aberham 35; Aigner 55; Comnet 42/43; P. Graf 32/33
Helga Lade: 45, 47
Werner Otto: 182
Erhard Pansegrau: 9, 15, 17, 27, 29, 36, 37, 39, 44, 54, 71 (unten), 80
Günter Schneider: 6, 13, 18, 19, 20, 22, 26 (beide), 30, 31, 51, 56 (beide), 57, 60, 65, 88, 146, 184
Sigloch Bildarchiv: Hans Joachim Döbbelin 72/73, 94/95, 118/119, 152/153, 166/167 sowie alle ungeraden Seitenzahlen von 75 bis 185
Studio für Landkartentechnik, Norderstedt: 4/5
Visum: Wilfried Bauer 116; Thomas Cojaniz 12, 34, 40, 41, 49, 52/53, 61, 92, 106, 156; Rudi Meisel 2; Thomas Pflaum 58/59, 174; Timm Rautert 10/11, 48, 50, 96

Freundlichen Dank der KPM (Königliche Porzellan Manufaktur, Berlin) für großzügiges Ausleihen von Porzellan für die Fotografie.

Reproduktion: Eder Repros, Ostfildern
Satz: Sigloch Edition, Künzelsau
Druck: Druckerei Kohlhammer, Stuttgart
Papier: 135 g/m² BVS-Plus glänzend chlorfrei der Papierfabrik Scheufelen, Lenningen
Bindearbeiten: Sigloch Buchbinderei, Künzelsau
ISBN 3-89393-086-8